基礎と課題から学ぶ

新時代の社会福祉

監修　杉本　敏夫
編著　安塲　敬祐・家髙　将明

ふくろう出版

目　次

第1章　社会福祉とは何か

はじめに

　ここではこれから社会福祉を学ぼうとしている人びとに、その全体像を解説することを目的としている。

　社会福祉を学ぶためには、社会福祉を３つの側面に分解して理解することが必要だと思われる。それは、①理念としての社会福祉、②制度・政策としての社会福祉、③実践としての社会福祉、である。

　現実の社会福祉は、これらが総合されたものとして存在しているので、それらがお互いに影響を与え合っているのである。つまり、①が②や③に影響を与え、また①が②や③の影響を受けて変化、進歩しているのである。しかし、ここでは便宜的にそれらを別々にして、社会福祉の理解を試みる。

第1節　理念としての社会福祉

1）社会福祉とは何か

　これから社会福祉を分解して理解しようとしているのであるが、それを行う前提として、社会福祉とは何かを知っておかなければならない。社会福祉の定義もさまざまであるが、ここでは「社会福祉とは、さまざまな生活上の諸問題に直面して生活がしにくくなっている人びとに対して、何らかの形で手助けをしようとする社会的な取り組み」としておきたい。

　現代社会では、生活の営みは基本的に自己責任である。われわれは自分で仕事を見つけ、働いて収入を得て、それで自分と、生活の基本単位である家族の生活を維持している。多くの人びとはそのような形で生活を営ん

でいるが、たとえば病気になって働けなくなったり、年をとって仕事が得られなくなると、収入が途絶え、生活の継続ができなくなる。

　近年は、社会の高齢化が進行し、寝たきりや認知症のために介護が必要な人も増加している。家族の介護機能の低下もあり、このような人びとや家族も生活問題に直面することが多くなっている。

　生活は基本的には自己責任ではあるが、このような形で生活がしにくくなった人びとを自己責任だとして放置しておくことは望ましいことではないと考えられ、そのような人びとの生活援助活動が社会制度化されたものが制度としての社会福祉である。

　しかし、社会福祉活動は必ずしも社会制度化されたものばかりではない。生活の問題は常に社会の動きを反映するものなので、時代とともに大きく変化するのが特徴である。たとえば、もともとの生活問題の中心的なものは貧困問題であったが、今日では高齢者の介護の問題が最も大きな問題になっている。変化する生活問題に社会が取り組むには、かなりの時間がかかる。そのこともあり、社会福祉活動は、まず民間のボランティア的な取り組みから始まることも多い。これらの活動は、社会制度化されていないが、社会福祉活動の範囲に入るものであることは間違いがない。したがって、社会福祉とは社会制度化された取り組みと民間の自主的な取り組みも含むものとして理解することが必要である。

２）理念としての社会福祉

　理念としての社会福祉とは、目指すべき目標としての社会福祉という意味である。この場合には社会が省略されて、「福祉」といわれることも多い。この側面をいくつかの項目に分けてみよう。

(1) 劣等処遇

　これは社会福祉の主要な課題が貧困問題で、貧困に苦しむ人びとの救済を目的としていた時代の目標である。つまり、貧困者の救済の水準は自分の力で生活している人びとの中の最低水準よりもさらに低い水準にするこ

とが必要であるという考え方である。

　このような水準が目標にされる背景には、独特の貧困者観がある。すなわち、貧困はその人が怠け者で、働く気持ちがないからで、そのような人びとに手厚い保護をすると、余計に働かなくなるという考え方である。したがって、救済の水準は低く抑えるべきだというのである。

　この考え方は、もともとイギリスで1834年に制定された新救貧法で採用された原則の1つであった。この原則にもとづいて、働く力のある貧民は労役場（ワークハウス）に収容され、劣悪な労働条件で強制労働が課せられた。

　しかし、その後、貧困には失業などの社会的な原因があり、個人的な資質だけに責任を帰することはできないと考えられるようになり、劣等処遇という社会福祉の考え方は古い考え方だとされるようになった。

　現代の社会福祉では、このような考え方がとられることはあまりなくなったが、不況が広がり、多くの人びとがリストラ被害にあったり、安定した職を得にくい社会であるにもかかわらず自己責任が強調される現代社会では、前述のような19世紀的貧困観が復活しかねず、あらためて注意を要する考え方である。

⑵　保護的処遇

　社会福祉に関するこの考え方は、第二次世界大戦後の社会福祉の中でも特に、障害者の福祉を中心として出現してきたものである。

　まず、この考え方では社会福祉の対象となる障害者を弱者と規定してしまう。また、かわいそうな人とも考える。これが保護的処遇の対象者観である。

　そして、このような人びとがこの地域社会の中で健常者の人びとと一緒に生活をしていたのでは、いつも敗北者となってしまうのではないかと考える。したがって、このような人びとが安心して暮らせるのは、通常の地域社会とは別の障害者だけが生活する施設であると考える。そこで障害者の保護が望ましい社会福祉のあり方だと考えられたのである。

このような考え方に基づいて、わが国では昭和40年代頃にあちこちで障害者の大規模施設が作られた。そのような施設に共通していたのは、多くの施設が人里離れた山の中に作られたことであった。地域福祉が重視される今日であれば考えられないことであるが、当時は山の中に施設を作っても、障害者の生活や援助を行う上で何も問題はないと考えられていたのであろう。

　しかし、その後外国から入ってきたノーマライゼーションの考え方に照らしてみると、この考え方には大きな問題があることが分かった。たとえば、障害者を施設に収容することは、障害者を地域から切り離してしまうことであり、障害者と健常者が別に生活するような社会にしてしまうという問題が指摘された。また、障害者自身もできれば地域社会で生活を継続することを望んでおり、施設で生活することは望んでいないことも分かった。そのため、保護的処遇観は望ましくないと考えられるようになった。

(3)　ノーマライゼーション

　ノーマライゼーションの考え方がわが国に紹介されたのは、1970年代後半のことである。この考え方の基本は、健常者も障害者も地域社会の中で、共に普通の暮らしを営める社会が望ましい社会であるという考え方である。つまり健常者だけでなく、障害者、高齢者などのいろいろな人びとがいる社会が望ましい、普通の社会である。この望ましい普通の社会を作り上げようとする活動が、ノーマライゼーションの活動である。

　ノーマライゼーションの考え方が紹介されるまでは、この社会には若くて、健康な人びとだけがおり、そのような人びとが生活していることを前提に社会全体の仕組みや生活環境が作り上げられていた。そのような社会は若くて健康な人には生活しやすい社会かもしれないが、障害をもつ人には生活しにくい社会である。今日では、高齢社会となり、高齢者で障害をもつ人も増加してきており、健常者も障害者も共に暮らしやすい社会を作ることが必要となっている。

　障害を持つ人びとがこの社会で普通の暮らしを営む上で障壁となるもの

が、3つある。すなわち、①物理的な障壁、②制度的な障壁、③心理的障壁、である。これらの障壁を取り除くことでノーマライゼーションも実現されるが、社会福祉の分野では、物理的障壁に対しては、ハートビル法や交通バリアフリー対策でバリアフリー化が進められている。制度的な障壁に対しては、社会福祉サービスの提供によって障害者も参加しやすい社会づくりが進められている。心理的障壁に対しては、地域福祉対策や地域福祉計画で人びとの福祉意識の向上が図られている。

⑷　自立支援

　最近の社会福祉では高齢者、障害者を問わず、自立支援という見方がさかんに強調されている。この見方はもともと介護保険制度が創設されるときに、介護サービスや新しく導入されたケアマネジメントの目標とされたものである。

　自立は、①経済的自立、②身体的自立、③精神的自立、と3つに区別される。介護保険は身辺的ケアを中心とするサービスなので、身体的自立が強調されるが、一方では自分の生活や生き方を自分で決めるという精神的自立の面を強調しているとも考えられる。

　自立支援の考え方は、その後、障害者福祉を中心として、その他の社会福祉分野にも共通する考え方として拡大されていった。

　これからの社会福祉は、サービス利用者を単に保護するだけではなく、援助活動を通して可能なかぎり、自分の力で生活をする力を身につけさせることが目指されているのである。

　同じ頃に海外からはエンパワメントの考え方が紹介されたが、これもパワー（力）を身につけること、すなわち生活能力を身につけることなので、自立支援とほぼ同じ意味である。保護を目指す福祉と自立支援を目指す福祉は、同じ福祉という言葉を使っていてもサービス内容が大きく異なるので、自立支援を目指す福祉の制度や実践のあり方が必要になる。

⑸　ソーシャルインクルージョン

　ソーシャルインクルージョンという考え方がわが国に紹介されたのは比較的最近のことであるが、海外、特にイギリスの社会福祉では基本的な考え方として盛んに使用されている。

　この言葉をあえて日本語に翻訳すると、社会的包含ということになるが、分かりにくいのでソーシャルインクルージョンとそのままで使われることも多い。ソーシャルインクルージョンの反対は、ソーシャルイクスクルージョン、つまり社会的排除である。これは障害者や高齢者、その他の弱い立場に置かれがちな人びとを社会の主流の場所から排除することである。

　たとえば、そのような人びとが仕事ができにくかったり、教育が受けにくかったり、社会保障を受けにくかったりしていると、それをソーシャルイクスクルージョンと呼ぶのである。

　そのように、特定の人びとを排除するような仕組みをなくし、誰もが同じように社会の中で生活できるようにすることがソーシャルインクルージョンで、今日の社会福祉で特に重視されている理念である。

第2節　制度・政策としての社会福祉

　この節では、社会福祉が国家や地方自治体の社会政策として制度化される側面に着目し、社会福祉の理解には制度・政策的視点が重要であることを示す。

1）社会政策としての社会福祉

　社会福祉は生活問題をかかえている人びとを援助して、より安定した生活ができるようにする対策である。どの時代においても、この社会福祉の本質は変化しないが、それをどのようにして行うのか、そのような対策の目標をどこに置くのか、どこまで援助を行うのか、といった具体的な方針は、時代によって、また政府の方針によって異なってくるものである。

　たとえば、2006（平成18）年 4 月から障害者自立支援法が施行されたが、この法律の中心は、それまでの保護を中心とした福祉対策を、法律名にもあるように障害者の自立を支援することに重点を移すところにある。自立支援の流れは、今に始まったことではなく、介護保険制度の基本理念であり、社会福祉法の理念の 1 つとしても規定されている。

　しかし、この法律の制定と実施にあたっては、必ずしも障害者やその家族、福祉従事者すべてが賛成をしたのではないことを考えても、国家は社会福祉政策の展開にあたっては当事者の意向をすべて汲み取って行うのではなく、国家の財政や社会保障制度の持続性などといった点も勘案しながら行うものであることが分かるであろう。

　法律が制定されて実施される現代の社会福祉のあり方には政治的な要素も大きく影響するが、今日ではかつてのように政党によって福祉に対する考え方に極端な違いがあるわけではない。どの政党も基本的には福祉を重視する政策をとっているのであるが、それでも福祉に熱心な政党が政権をとれば、福祉が重視される、福祉を軽視する政党が政権をとれば福祉は後退する、という側面もみられるであろう。つまり、社会福祉の水準や内容は国民が社会福祉のあり方をどのように考えるのかにもかかっている。

2）福祉国家を目指す政策から地域福祉を重視する政策への転換

　第二次世界大戦後の社会福祉の発展過程を、大雑把ではあるが、①終戦後から1980年代まで、②1990年代、③2000年以後、に分けることができるのではないだろうか。

　1980年代までの時期は、基本的に福祉国家づくりが目指された時期である。福祉国家とは、可能なかぎり国民の生活を守る、福祉は国家が公的な政策として行うことが望ましいし、その水準もできるだけ高い方が望ましいという考え方である。紆余曲折はあったというものの、少なくとも1980年代まではこのような方針に基づいて社会福祉対策の拡充が行われた。近年では想像もできないが、この時期には年金制度も「生活ができる年金」をスローガンに充実が図られた。

1990年代は転換期である。この時期はいわゆるバブル経済が崩壊して、不況が続き、社会全体の構造改革が目指された時期であった。構造改革のキーワードは規制緩和と自己責任であった。社会福祉もこの影響を強く受けて、伝統的な社会福祉の体制の改革が進められた。たとえば、規制緩和の側面ではこの分野への民間営利企業の参入が認められたし、自己責任の側面からは自立支援の対策が導入された。このように、1990年代は旧体制の社会福祉が21世紀の新しい社会福祉へと衣替えをする時期であった。

　2000（平成12）年以降の時期は、21世紀の新しい社会福祉の方向性が明確に定められた時期である。それは国家丸抱えの福祉国家政策から、地域福祉政策への転換が図られたと捉えられる。

　地域福祉の考え方は1970年代後半から使用されている見方であり、その後も盛んに使用されてきたが、研究者によってさまざまに定義され、理解が困難な見方であった。

　それが2000（平成12）年に制定された社会福祉法の中で、地域福祉という用語が使われると共に、地域福祉の推進がこれからの社会福祉の基本的な方向となったのである。また、この法律は地域福祉の見方を明確に示したことも重要である。すなわち、地域福祉とは、地域住民、社会福祉の経営者、そして社会福祉の活動者が主体となり、福祉サービスを必要とする人びとが地域で日常生活を営み、また社会参加ができるようにする活動である。つまり、国家や地方自治体という公的部門がもっぱら取り組む社会福祉ではなく、地域を基盤にして、民間人である地域の住民やボランティアなどと協力して取り組む社会福祉が地域福祉であると規定された。これがこれからの社会福祉の展開方向であることを、社会福祉法は示している。

3）制度としての社会福祉

　現代の社会福祉の特徴は、すべてではないが、その中心的な部分が法律に基づいた社会制度として確立していることである。

　歴史を振り返ってみると、社会福祉は、①相互扶助の段階、②慈善・博愛事業の段階、③社会事業の段階、④社会福祉の段階、というように発展

をしてきた。

　相互扶助の段階は、地域に生活がしにくい人びとが発生したら、その地域の人びとが自然発生的にお互いに助け合っていた段階である。このような活動の動機は、個人の他者への思いやりや同情であった。

　慈善・博愛事業の段階は、そのような助け合いが組織的に行われるようになった段階である。主として宗教団体や人道主義的な団体がこのような活動に取り組んだが、この活動の動機も①と同様のものであった。

　社会事業の段階は、国家が組織的に救済活動に乗り出す段階である。生活に困っている人びとの範囲が拡大し、それを放置しておくと社会の秩序が乱れ、崩壊しかねないとの思いが中心的な活動動機である。この段階になると、救済活動も国家的な規模で行われるようになったが、それは国家の恩恵に基づいて行われたものであった。

　社会福祉の段階は、特別の段階である、それまでの段階は社会福祉の前史的段階である。つまり、社会福祉の段階の福祉活動は国民の権利を基盤にして行われるものだからである。権利であるか、権利でない（恩恵）かは社会福祉とその前史を区別する重要なキーワードである。

　以上のように、現代の社会福祉は権利としての社会福祉であるが、社会福祉の制度を考える場合、２つの立場がある。すなわち、社会福祉を広義に理解する立場と狭義に理解する立場である。広義の社会福祉とは、社会福祉をできるだけ広く理解しようとする立場である。たとえば、イギリスでは社会サービスという用語を用いて、教育サービス、公営住宅制度、所得保障、医療保障、対人福祉サービスを包括的に取り入れようとしている。これらはすべて国民の生活をさまざまな側面で支援しようとする公的サービスであるので、社会福祉、あるいは福祉サービスとして理解しても間違いではないだろうが、あまりに広すぎるとも思われる。

　わが国では、広義の社会福祉という場合は経済的な保障や医療、介護の保障をする制度である社会保障制度との関係で理解されることが多い。

　一般に、社会保障制度とは社会保険制度と公的扶助制度を組み合わせて、

生活困難におちいりやすい問題を回避する制度として創設されている。具体的には、①医療保障制度、②年金制度、③失業保険制度、④介護保険制度、⑤社会福祉制度、から構成されている。

　これらの制度の内容に関しては、具体的にはのちに詳しく学ぶことになるが、①から④については、それぞれについて社会保険で予防し、それができない場合には公的扶助で救済する形が整備されている。⑤の社会福祉制度については、老人福祉、児童福祉、障害者福祉というように、社会のなかで弱い立場に置かれがちな人びとを対象にして、主としてケアサービスを提供する法律が制定されている。社会福祉を広義に理解することは、これらの社会保障制度の全体を社会福祉として理解する立場である。つまり、社会福祉を社会保障と同じものとして理解する立場である。

　一方、狭義の社会福祉とは、先の社会保障制度の中の公的扶助の部分と社会福祉の制度に限定してそれを社会福祉として理解する立場である。このような視点で社会保障の制度全体をみると、公的扶助は国民全体を対象とする普遍的な社会制度である社会保険の制度を補完しており、社会福祉の各制度は普遍的な社会制度では生活がしにくい人びとを補完的に援助する制度であることが分かるであろう。

　このように、制度の補完性に着目してそれを社会福祉の固有の役割と考えるのが社会福祉の狭義の理解の仕方である。具体的な法律制度でみると、いわゆる社会福祉六法、すなわち生活保護法、児童福祉法、身体障害者福祉法、知的障害者福祉法、老人福祉法、母子及び寡婦福祉法を中心として提供される各種サービスが社会福祉ということになる。

　このように考えると、介護保険法は社会福祉の法律なのであろうかということも疑問として生じてくる。介護保険法で構成されている制度は国民に対して普遍的に適用される制度なので、広義に考えると、それは社会福祉の法律ということになるが、狭義に考えると社会福祉の制度ではないということになる。

　このように、近年の社会福祉は貧困者対策も行われているが、ケアニー

ズへの対策が中心となっており、普遍的な形で、サービス利用でも所得は考慮せずに、応益負担（受益者負担）の仕組みが取り入れられているので、その性格が不明瞭になってきている。

つまり、社会福祉の本質とはケアなのか、それとも一般的な社会制度の補完なのか、が問題の焦点になってきている。

第3節　実践としての社会福祉

1）社会福祉の制度と実践

社会福祉サービスは制度として創設されるだけでは利用者のもとには届かないし、問題の解決にはつながらない。人びとが抱える生活問題を解決するためには、社会福祉の制度と利用者の間を媒介する人物がいて、彼（彼女）がそれを利用者に届けるための働きをして初めて利用者のもとに届くのである。しかも、それを届ける仕事は単なる事務的な手続きをするだけのものではなく、専門的な知識を基盤にして利用者の問題やニーズをしっかりと把握、分析して、利用者の問題を解決したり、ニーズを充足するのに必要な社会福祉サービスに結びつける専門的な作業が必要なのが特徴である。社会福祉の仕事あるいは実践とは、このような専門的な仕事のことをいうのである。

社会福祉を学ぶということの柱の1つは、このような実践方法を学ぶことに他ならない。このような実践方法はソーシャルワークと呼ばれ、社会福祉援助活動の中心的な方法になっている。

しかしながら、一般に社会福祉と呼ばれている実践活動を詳しくみると、たとえば居住施設では入居者がそこで生活するのを手助けするために多くの専門職者が働いていることが分かる。たとえば、日常生活を送る上で身辺的ケアが必要な人が生活している施設では介護職が働いているし、毎日の食事をまかなうために栄養士や調理員が働いている。健康面の管理のた

めには看護師が働いている。また、生活相談員や生活支援員といった職名で、利用者のさまざまな相談にのったり、地域との連携の仕事をしている人びともいる。介護職と相談援助職、つまり、介護福祉士（ケアワーカー）と社会福祉士（ソーシャルワーカー）は福祉専門職であるのに対して、その他の職種は医療や栄養といった領域の専門職である。このように、現代の社会福祉の実践は福祉専門職だけに担われているのではなく、福祉以外の専門職の人びとの力も借りながら運営されている。このような人びとの社会福祉実践も、その多くは法律によって制度化された社会サービスとして実践されているのであり、社会福祉の制度はこのような福祉実践者の働きによって実際に利用者を支える取り組みとなっている。

2）実践としての社会福祉

　社会福祉の専門職実践の形としては、①相談援助を中心とするソーシャルワーク、②利用者の直接的な介護やケアをおこなうケアワーク（介護職）、とに区別できる。現在の資格制度では両者は別資格として整備されているが、実際の仕事上では重なり合って実践されている部分も多い。

　前者のソーシャルワーク（社会福祉援助技術）は海外から紹介された理論や技術をわが国に適用しようとする傾向が強いが、介護に関しては海外よりもわが国の取り組みの中から理論化、技術化されている部分が多い。

　前者のソーシャルワークは社会福祉施設も実践の場となっているが、福祉事務所や在宅介護支援センター、また地域包括支援センターといったように地域を基盤にした各種相談機関で実践されていることが多い。また、社会福祉協議会のような地域福祉団体も、ソーシャルワークの実践機関である。

　社会福祉の専門的な実践方法であるソーシャルワークは、①価値と倫理、②専門的知識、③専門技術、から構成されているといわれる。価値と倫理とはソーシャルワークの社会と人に対する見方であり、社会福祉の理念を反映したものである。したがって、現代のソーシャルワークでは、社会福祉の理念を重視している。専門的知識とは、人と社会に関する科学的な知

識のことである。人を援助するソーシャルワーカーには心理学や医学といった専門的な知識が必要であるし、また生活問題は社会の影響を大きく受けるものなので、社会学や経済学の知識が必要になるとされている。さらに、社会福祉の援助活動には社会福祉サービスと関連するサービスに関する知識も不可欠である。専門技術とは、援助活動に必要になる各種の技術である。それらの詳細は第3章で説明されるが、さまざまな技術があり、ソーシャルワーカーはそれらを身につけることが求められる。

　また、このソーシャルワークは、問題を抱えている人びとを直接的に援助する直接援助技術、地域の人びとのネットワークを構成して、問題を抱えている人びとを間接的に援助する形になる間接援助技術に整理され、さらに前者は、個人別に援助するケースワーク（個別援助技術）と小集団を利用して援助するグループワーク（集団援助技術）に区分される。

　さらに、間接援助技術にはコミュニティワーク（地域援助技術）、社会福祉調査法、社会福祉運営管理、社会活動法、社会福祉計画法といった援助方法が位置づけられている。

　また、この他にもケアマネジメントやカウンセリング、スーパービジョン、コンサルテーションなどの関連援助技術もある。さらに、ソーシャルワークとは区別されているが、介護などのケアワークも社会福祉の重要な援助技術である。

　今日の社会福祉の実践は単に熱意があればできるものではなく、社会福祉の理念を基盤にして、上記のような専門的知識や技術を活用したものとなってきている。そして、このような専門的実践を支えるのが社会福祉士、精神保健福祉士、介護福祉士、保育士といった専門職なのである。

まとめ

　ここでは社会福祉といわれているものを理念、制度・政策、実践という3つの側面に分解して、それぞれの側面をみてきた。現実の社会福祉はこ

れらの側面がお互いに影響を与え合い、また混ざり合って展開されている。

　ここでの解説はやや抽象的になってしまって、これから社会福祉を学ぼうとする人には、やや難かしいのではないかと危惧するが、本書全体を読み終われば理解してもらえるものと思われる。

　現代の社会福祉は変革期が継続している上に、制度はますます複雑になってきている。また、格差社会ともいわれているように、これからの社会は実力が重視され、力のないものは置いていかれる社会になっていく予感がする。しかし、このような時代にこそ、弱い立場の人びとの味方になるソーシャルワーカーが必要とされるのである。

＊本稿は、小田兼三・杉本敏夫編（2006）『社会福祉概論』第1章　社会福祉とは何か（勁草書房、pp 1 –14）を再掲したものである。

第2章　社会福祉の歴史

第1節　イギリスにおける社会福祉の発展

1）エリザベス救貧法から新救貧法へ

　中世封建のイギリス社会においては、地縁的・血縁的な紐帯に基づく共同体的な社会の中で生活が営まれていた。15〜16世紀以降、毛織物産業が盛んとなり、羊毛の需要が急増する。こうした背景により、農地を牧草地に切り替えるために「囲い込み運動」（enclosure movement）が行われた。この「囲い込み」の結果、生計手段を失った者が溢れ、大量の貧民を生み出す結果となった。そしてこれらの貧民は、社会的脅威として受け止められた。

　このような事態に直面したときの絶対王政は、浮浪者・貧民対策を目的とする諸制度を制定した。そして1601年、それらを集大成とした「エリザベス救貧法」が成立する。この制度は、①貧民を働く能力をもった有能貧民と、②働く能力をもたない無能力貧民、そして③貧困児童に分類した。そして有能貧民には労働を強制し、無能力貧民は公費で保護し、貧困児童は徒弟を強制した。

　こうした中、貧民救済のための費用は怠惰な人間を扶養するために用いられているという批判を生み、こうした論調がワークハウステスト法（1722年）の制定につながっていた。ワークハウステスト法では、労役場に入ることが救済を受ける条件となり、労役場では過酷な労働が課せられた。このワークハウスは「恐怖の家」と呼ばれるようになり、貧民の救済申請を抑制させる手段となった。

　こうした理論は当初のうちは成功を収めたが、次第に経済的でないことが明らかとなり、また貧民の抵抗や人道主義者からの糾弾もみられるよう

になった。こうして新たに院外による救済を認めるスピーナムランド法
（1795年）が制定された。この法律は、働く能力をもった有能貧民をワー
クハウスに収容するのではなく、自宅に居住することを認め、賃金補助を
行う制度であった。

　しかしこの制度は救済費の拡大を招き、また労働者の労働意欲の減退を
もたらすと批判されることとなる。こうして1834年に救貧法の大改正が行
われ、新救貧法が制定される。新救貧法は①劣等処遇の原則、②労役場制
度の原則、③全国統一の原則を採用した。劣等処遇の原則とは、救貧法の
対象となる者の生活水準を、保護を受けない者の生活水準よりも低い水準
でなければならないとするものである。労役場制度の原則は、有能貧民に
対する院外救済を廃止し、労役場による保護に限定するものである。全国
統一の原則は、救済の水準を全国均一とするものである。

　新救貧法は、新たな救貧政策を打ち出したという性格のものでなく、貧
困者への締め付けを強化するものであった。こうした新救貧法の抑制的
な性格は、産業革命下のイギリスにおける近代的な貧困に対応できるも
のではなかった（岡村順一、1994）。そのため公的な救済システムとは別
に、民間レベルでの救済活動である慈善組織協会（Charity Organization
Society：以下、「COS」と略す）やセツルメントなどが生まれた。

２）イギリスにおける民間活動の伸展

　19世紀の中頃には、多くの慈善活動団体が結成されていた。しかし慈善
活動は、連絡調整等が行われることなく、無秩序に救済が行われていた。
こうした状況を背景に、慈善活動団体の組織化が要請され、COSが形成さ
れていった。COSは、慈善団体の連絡・調整、救済の適正化を目的として
活動が行われた。

　一方、貧困を個人の責任によって発生するものではなく、社会的問題と
して捉えたセツルメント運動も、この頃に活発化する。セツルメント運動
は、知識人が貧困問題の深刻な地域に住み込み、住民と生活をともにしな
がら生活援助活動を行う活動である。この運動の背景には、「単なる施予

では貧民を救えず、真の救済は自活の道を与えることであり、とりわけ教育的環境の欠如が貧民を無知においやり、市民的能力を低めて自活の道を塞いでいる」（高島進、1995）との考えがあり、それを知識人が生活をともにすることで改善できると考えたのである。

セツルメント運動にみられるように、貧困の原因が個人の道徳的欠如ではなく、社会的問題であることを実証的に証明したのは、ブース（Booth, C）とラウントリー（Rowntree, B, S）による貧困調査である。

ブースのロンドン市における貧困調査では、ロンドン市民の3分の1が深刻な貧困状態であることを明らかにした。また貧困の原因は、雇用上の問題が半数以上を占め、飲酒癖や浪費といった個人的な習慣が問題である原因はごく少数であることを明らかにした。

そしてラウントリーは、肉体的生存のために必要な水準以下の状態を「一次的貧困」、肉体的生存のために必要な水準をようやく保持できる水準の状態を「二次的貧困」と定義し、ヨーク市において調査を行った。その結果、「一次的貧困」は9.9％、「二次的貧困」は17.9％であるという実態を明らかにし、ロンドンに劣らぬ深刻な貧困が広がっていることを明らかにした。

3）ベヴァリッジ報告と救貧法の解体

1905年、政府により「救貧法及び失業に関する王立委員会」が任命された。そしてこの委員会により、今後のイギリスの救貧政策に対する政府への提案として報告書が出された。この委員会の意見は対立し、二つの報告書が出されることになる。1つは、多数の委員によってまとめられた多数派報告書であり、もう1つは少数の委員によってまとめられた少数派報告書である。

多数派報告書は、貧困の原因は社会的な原因だけにあるのではなく、個人の道徳的欠如によるものが多分にあるとする考えを前提とし、救貧法を維持する立場をとった。少数派報告書は、貧困は個人の道徳的欠如によるものではなく、必要な専門的行政サービスが欠如しているという状態にあるとする考えをもとに、救貧法を廃止し、予防を目指す新しいシステムの

構築が必要であるとした（高島進、1995）。この少数派報告書は、全国民にナショナルミニマム（最低生活水準）を保障する制度の構築を提起し、その後の社会保障構想の青写真とされた。

　その後、1942年にイギリスで「ベヴァリッジ報告」が発表される。この報告は、社会保険を中心とした「ゆりかごから墓場まで」の社会保障制度の構築を提唱し、イギリス福祉国家の設計図となった。そして社会保障制度として国民手当法、国民保険法、国民保健サービス法、国民扶助法などが制定された。1601年に制定されたエリザベス救貧法以降、300年以上も存在してきた救貧法は、1948年の国民扶助法の成立をもって解体されることになる。

4）コミュニティケア改革による新たなる方向

　1960年代に入ると、コミュニティケアや予防的な社会サービスが重視されてきた。そして1968年には、行政組織の再編成を目的としたシーボーム報告が発表された。この報告は当時、地方自治体の各部署に分散していた社会サービスを、社会サービス部という1つの部局にまとめることを勧告した。70年代に入ると、シーボーム報告をうけたシーボーム改革によって、サービスの量的拡大と専門的水準の向上などが目指された。

　1978年のウルフェンデン報告では、これまで社会サービスの中心を担ってきた公的部門が高コストで、民主的コントロールが困難であることなどが指摘され、ボランタリー部門や営利部門の役割が提言された。

　そして1990年に成立した「国民保健サービス及びコミュニティケア法」ではケアマネジメントが導入され、多元的な供給主体から個別のニーズに応じたサービスを受けられるようになった。

第2節　アメリカにおける社会福祉の発展

1）アメリカにおける民間福祉の伸展

　植民地時代のアメリカにおける救貧法の皮切りは、1642年に制定された
ヴァージニアの救貧法であった。これ以降、多くの植民地で救貧法が制定
されていた。こうした植民地の救貧法は、母国イギリスのエリザベス救貧
法を移入したもので、就労の強制を中心に生命を維持するに必要な水準で
の制限的、抑制的な救済が行われた。

　アメリカ植民地は独立革命の結果、13州からなる連邦国家となり、1800
年代の初頭には産業革命を迎えることとなる。産業革命が進む中で、アメ
リカ社会においても多くの貧困者が現れるようになり、各州で貧民院が建
設されるようになった。こうした中、連邦政府は貧民の救済に関しないと
いう方針をとった。

　その後、地方による貧民の救済は院内救済へ傾斜し、院外救済は民間の
慈善機関にゆだねられることとなった。こうして多くの慈善が行われる中、
無計画な慈善への反省から、各地に貧民生活状態改善協会（Association
for Improving the Condition of the Poor：AICP）がつくられた。しかし、
この貧民生活状態改善協会の目的は貧困者の救済にあるのではなく、社会
の平穏な状態を維持し自分たちの財産と生命を守るためのものであった
（古川孝順、2000）。

　1877年、バッファローにおいて慈善組織協会がイギリスから導入された。
そして慈善組織協会の活動は次第に各都市に広がり、貧民生活状態改善協
会にとって代わっていった。また慈善組織協会の活動は、そのメンバーで
あるリッチモンド（Richmond, M, E）によって科学化が追及された。そし
て1911年には『社会診断』が、1922年には『ソーシャル・ケース・ワーク
とは何か』が著された。

　また当時のアメリカにおける民間の慈善活動として、慈善組織協会以外
にセツルメントの活動がある。セツルメントの最初の試みは1886年、ニュー

ヨークの貧民居住地区に創設されたコイト（Coit, S）によるネイバーフッ
ド・ギルドである。そのモデルは、ロンドンのトインビーホールである。
この他にアメリカの代表的なセツルメントとして、アダムズ（Adams, J）
によるハル・ハウス（1889年）がある。そしてこのハル・ハウスが、アメ
リカでセツルメントを普及させる契機となり、飛躍的に拡大していった。

2）社会保障制度の誕生とその後

　1929年には世界恐慌が起こり、失業者が年々増加していった。これに対
して、1933年に大統領となったルーズベルト（Roosevelt, F, D）は、ニュー
ディール政策の一環として、臨時的措置である連邦緊急救済法を制定し、
失業者を含む貧民の救済を行う州政府・地方政府に連邦政府から補助金を
交付することとした。

　そして1935年には社会保障法がつくられた。この社会保障法は、社会保
険、社会福祉サービス、公的扶助の組み合わせにより、高齢者、子ども、
貧民などの救済を行うものであったが、医療保険が欠如していた。しかし
ながらこの社会保障法は、連邦政府による初めての社会保障制度の枠組み
であったことから重要な意味をもっていた。

　その後、アメリカの社会保障法はたびたび改正が行われていった。中で
も重要な意味をもつのが、65年の改正である。この改正において、初めて
医療保険（メディケア）と医療扶助（メディケイド）をもつこととなる。

　一方、その後アメリカは第二次世界大戦及び戦後の冷戦体制の中で経済
は拡張し、大恐慌による失業と貧困の問題は忘れ去られていった。こうし
た中、建国以来アメリカに存在する「自助精神」と「貧困者＝惰民」観を
背景に、公的扶助に対する過酷な引き締めが行われた。そして経済成長を
続けるアメリカ社会の奥底に、大量の貧困が存在する結果となった。

　このような豊かな社会の中での貧困は、ハリトン（Harrington, M）
などによる告発により明らかとなった。そして当時のジョンソン大統領
（Johnson, L, B）は「貧困戦争」への宣戦布告を行い、貧困撲滅事業を展
開することとなる。しかしベトナム戦争が泥沼化する中で、国内におけ

る貧困戦争は十分な成果を挙げることができないまま、ニクソン大統領（Nixon, R, M）によって敗戦宣言がなされた。

　その後、1980年にレーガン大統領（Reagan, R, W）が就任し福祉関係予算の削減が進められ、生活に対する自己責任と自立自助理念が強調されるようになる。そして民間の活力を高めていこうとする「小さな政府」策がとられた。

第3節　わが国における社会福祉の発展

1）恤救規則から救護法へ

　日本の社会福祉にとってのルーツは、明治に制定された恤救規則であるといえる（宇都栄子、2001）。ここでは明治以降の日本の社会福祉について触れることにする。

　1871（明治4）年廃藩置県が行われ、これまで各藩が実施してきた独自の窮民救助は廃止されることとなる。これにより明治政府は、1874（明治7）年に全国的な救済政策である恤救規則を制定する。

　しかしこの前文には、貧困者の救済は「人民相互の情宜」によって対処されるべきであると規定されていた。つまり恤救規則は積極的に救済を行うとする制度ではなく、家族や近隣関係などによる助けを求めることができない「無告の窮民」については救済を行うとし、あくまでも人民の相互の助け合いが重視された制度であった。

　恤救規則は、①70歳以上の老衰者、②廃疾者、③病人、④13歳以下の児童のうち、独身で身寄りがない者、もしくは身寄りがあっても労働力がないため頼れない者が対象とされた。

　この当時、多くの国民の生活は深刻な困窮状態に陥っていたが、恤救規則の制限的な性格は維持され、その救済もかろうじて生命を維持させる程度のものであった。

　第一次世界大戦後、日本は慢性的な不況に陥ることとなる。そしてこの

時期、生活に欠かせない米の価格高騰により、全国の主要都市で米騒動が行った。政府や府県等自治体は、このような社会不安を乗り切るため、民間人による方面委員制度を発足させていった。この方面委員制度の考案者は、大阪府知事林市蔵である。方面委員の主な役割は、貧困な住民の生活状態を調査することであった。この方面委員は、その後制定される救護法における救貧行政の第一線機関として位置づけられ、また第二次世界大戦後には民生委員となり、現在に至っている。

　一方、第一次世界大戦後の慢性的な不況下において、恤救規則による救済はますます量的にも、質的にも不十分なものとなっていった。こうして1929（昭和4）年に、恤救規則に代わる救護法が制定されることとなる。

　救護法は、①65歳以上の老衰者、②13歳以下の幼者、③妊産婦、④不具・廃疾、疾病、その他精神または身体の障害により働くことのできない者が対象とされた。このように救護法は、恤救規則よりも対象が広げられたが、家族や近隣による相互扶助を期待する性格は残されたままであった。しかもこの救護法は財政難を理由に実施が遅れ、1932（昭和7）年に実施されることとなった。

2）日本における民間福祉の伸展

　恤救規則による救済が行われていた明治時代、先述したように国民の生活は深刻な困窮状態に陥っていた。こうした状況の中、民間の人々による慈善事業が展開されていく。代表的な慈善事業を挙げると、戦争や震災の被害を受けた孤児を保護した石井十次の岡山孤児院（1887年：明治20年）、我が国最初の知的障害者施設である石井亮一の滝野川学園（1891年：明治24年）、感化教育を行った留岡幸助による家庭学校（1899年：明治32年）、貧児を対象とした野口幽香の二葉幼稚園（1900年：明治33年）などがある。

　またセツルメントではアダムスの岡山博愛会（1891年：明治24年）、片山潜によるキングスレー館（1897年：明治30年）などの取り組みが挙げられる。

　そして1899（明治32）年に横山源之助の「日本之下層社会」が著され、

貧困の原因が社会的なものであることが明確になってきた。

３）福祉三法の成立

　1945（昭和20）年、日本は敗戦を迎える。これ以降、連合国総司令部（General Headquarters, Supreme Commander for the Allied Powers：以下、「GHQ」と略す）の占領下において新たな社会福祉の枠組みが作られることとなる。敗戦後の日本は、浮浪者や失業者、戦災浮浪孤児、海外からの引揚者であふれ、社会的な混乱状態にあった。

　1946（昭和21）年、GHQは「社会経済に関する覚書」（SCAPIN775号）を日本政府に提出した。これには①「無差別平等の原則」、②「公私分離の原則」、③「必要充足の原則」が示された。無差別平等の原則は、生活困窮者を差別せず平等に保護するよう規定している。公私分離の原則は生活困窮者に対する保護の国家責任を民間の施設・機関などに転嫁しないよう規定している。必要充足の原則は、生活困窮の防止に必要な救済支給額をできる限り制限しないよう規定している。

　そして同年、生活困窮者への問題に対応すべく、（旧）生活保護法を制定する。（旧）生活保護法はSCAPIN775号に基づいて策定されたため、これまでの救貧制度とは異なり、要保護者に対して無差別平等に国家の責任よって保護する旨が規定されているという意味で、大きな意味を持っていた。しかしながら（旧）生活保護法は、怠惰者や素行不良者を対象外とする欠格条項や保護請求権を欠いているなど、救護法の思想を払拭し切れていない点が残されていた。その後（旧）生活保護法は、1950（昭和25）年に全面改正され、（新）生活保護法が制定されることとなる。

　戦後の課題は、生活困窮者の課題だけでなく、親や家族を失った戦災孤児に関する問題も大きな課題であった。政府は、これらの児童を児童保護施設へ強制収容する「狩り込み」を行った。こうした中、児童の福祉に関する新たな法律が必要であると考えられ、1947（昭和22）年に児童福祉法が制定される。またこの他に、戦傷病者に対する課題もその解決を急がなければならなかった。そして1949（昭和24）年に身体障害者福祉法が制定される。

このような3つの緊急対策の中から、「福祉三法体制」は形成されていった。

4）福祉三法体制から福祉六法体制へ

　1955（昭和30）年頃から、日本は高度経済成長期に入る。高度経済成長期には、様々な制度が確立されることとなる。すべての国民が何らかの医療保険制度及び年金保険制度に加入する国民皆保険・皆年金体制もこの頃に確立した。

　まず国民皆保険からみると、当時、低所得所の大部分が医療保険の適用を受けていなかった。こうした問題を解決するため、1958（昭和33）年に国民健康保険法が成立した。この国民健康保険法は、1961（昭和36）年にすべての市町村で実施されることになり、国民皆保険体制が確立する。

　また国民皆年金体制においては、その背景に労働者の老後を支える経済問題についての課題があり、これを解決するために1959（昭和34）年に国民年金法が制定された。この国民年金法も1961年に完全実施され、これにより国民皆年金体制が確立した。

　さらにこの頃、核家族化やそれによる家族扶養能力の低下など家族における変化もみられるようになった。こうして家族の中で充足されていた高齢者や障害者のケア、育児などの課題が表面化することとなり、社会福祉の課題が低所得・貧困層の問題の枠を超えて普遍化するようになっていった。

　そうした社会福祉の課題の広がりを受けて、1960（昭和35）年に「精神薄弱者福祉法」（1999年に知的障害者福祉法に改称）が制定され、1963（昭和38）年には老人福祉法、1964（昭和39）年に母子福祉法（1981年に母子及び寡婦福祉法に改正）が制定された。

　こうして日本の社会福祉の体制は、福祉三法体制（生活保護法、児童福祉法、身体障害者福祉法）から福祉六法体制（生活保護法、児童福祉法、身体障害者福祉法、精神薄弱者福祉法、老人福祉法、母子福祉法）へと拡大されていった。

5）福祉元年から福祉見直しへ

　福祉六法体制確立後も、1970（昭和45）年には心身障害者対策基本法（1994年に障害者基本法に改正）の制定、1971（昭和46）年に児童手当法の制定、さらに1972（昭和47）年には老人福祉法を改正し、高齢者の医療費が無料化されるなど福祉サービスの拡大はさらに進められた。そして政府は、1973（昭和48）年を「福祉元年」と称した。

　しかしその年の秋には、オイルショックにより景気低迷し、日本の高度経済成長は終わりを告げることとなる。そして新たに低成長時代を迎える中で、財政上の問題から「福祉見直し」の方向へと転換していくこととなる。

　1982（昭和57）年には老人保健法が制定され、これまで無料で行われていた高齢者医療が有料化され、その他に保育料の自己負担の見直しや年金及び医療保険の保険料なども見直されることとなった。また新たな日本型の福祉のあり方として、高負担・高福祉の路線ではなく、個人・家庭の自助努力や地域社会による相互扶助を重視し、また企業などによる民間活力の活用などが強調された。

　他方で日本社会は、少子高齢化の問題に直面することとなる。総人口に占める65歳以上の高齢者の割合である高齢化率をみると、1970（昭和45）年に7％を超え、1994（平成6）年には14％を超えている。この高齢化の問題は、家族規模が縮小していく世帯構造の変化と相まって介護問題へとつながっていった。

　また1人の女性が一生の間に産む子どもの数を表した合計特殊出生率をみると、1975（昭和50）年に1.91、1989（平成元）年には1.57となり、1966（昭和41）年の丙午の1.58を下回ったことから「1.57ショック」と呼ばれた。

　そうした状況の中で、1989（平成元）年に「高齢者保健福祉推進十ヵ年戦略」（ゴールドプラン）が出された。ゴールドプランは1990（平成2）年から10年間で、ホームヘルプサービスやデイサービスなどの高齢者保健福祉サービスを整備する計画であった。そして1994（平成6）年には、ゴールドプランの計画を見直した「新・高齢者保健福祉推進十ヵ年戦略」（新ゴールドプラン）が策定された。また同年には少子化への対応として、「今

後の子育ての支援のための施策の基本的方向について」(エンゼルプラン)
が定められた。

　そして新ゴールドプランの終了を迎える1999(平成11)年には、「今後5ヵ
年間の高齢者保健福祉施策の方向」(ゴールドプラン21)が策定され、ま
た同年に「重点的に推進すべき少子化対策の具体的実施計画について」(新
エンゼルプラン)が定められた。

　またこれらと異なり、1981 (昭和56)年の「国際障害者年」から始まる
障害者福祉の国際的動向の流れの中で、日本においても1995 (平成7)年
に「障害者プラン-ノーマライゼーション7ヵ年戦略」が策定される。

　このように少子高齢化や国際的な動向を背景に、日本の福祉サービスの
基盤は整備されていった。

6) 福祉見直しから社会福祉基礎構造改革へ

　1980年代頃から始まった社会福祉の見直しは、社会福祉の基礎構造を抜
本的に改革する「社会福祉基礎構造改革」へと移り変わっていく。

　社会福祉基礎構造改革の重要課題は、戦後約50年間それまでの社会福祉
を支えてきた措置制度の見直しである。社会福祉基礎構造改革は、措置制
度を抜本的に見直し、サービス提供者とサービス利用者が契約に基づく対
等な関係に立つ利用制度へ転換を図ったのである。

　こうした議論は90年代初頭に見られるが、政治的論点となったのは、
1997(平成9)年以降のことである。社会福祉基礎構造改革によって2000(平
成12)年には「社会福祉の増進のための社会福祉事業法等の一部を改正す
る等の法律」が制定され、1951 (昭和26)年から社会福祉事業を支えてき
た社会福祉事業法を改正し、新たに社会福祉法が制定された。また2003(平
成15)年には、障害者福祉分野においても支援費制度が導入された。

　以上のように、社会福祉基礎構造改革を経て社会福祉の対象者(利用者)
は、保護される立場から積極的にサービスを活用する消費者へとその位置
づけを変化させることとなったのである。

引用・参考文献

1）宇都栄子（2001）「恤救規則の成立と意義」『新版　社会福祉の歴史　政策と運動の展開』有斐閣選書

2）岡村順一編（1994）「社会福祉原論」法律文化社

3）金子光一（2005）『社会福祉のあゆみ　社会福祉思想の軌跡』有斐閣アルマ

4）高島進（1995）「社会福祉の歴史－慈善事業・救貧法から現代まで－」ミネルヴァ書房

5）朴光駿（2004）『社会福祉の思想と歴史　魔女裁判から福祉国家の選択まで』ミネルヴァ書房

6）福祉士養成講座編集委員会編（2001）『社会福祉原論』中央法規出版

7）古川孝順（2000）「社会福祉の歴史」『世界の社会福祉9　アメリカ・カナダ』旬報社

第3章　社会福祉の基本的枠組み

第1節　社会福祉の制度について

1）日本国憲法

　我が国の社会福祉の枠組みを規定する基盤となっているものは日本国憲法である。その中で、社会福祉を考える際にもっとも重要な箇所が、第二十五条において示されている生存権である。

　第二十五条　すべて国民は、健康で文化的な最低限度の生活を営む権利
　を有する。
　2　　国は、すべての生活部面について、社会福祉、社会保障及び公衆衛
　　　生の向上及び増進に努めなければならない。

　この条文の第一項において、国民には生きていくために必要となる日常生活の営みに一定水準の内容が保障される権利が認められている。この権利が具体的に保障されるために、第二項では、国は社会福祉・社会保障政策や公衆衛生政策を講じることが求められている。この条文によって、国民の最低限度の生活保障に関しては、国が責任をもって対応することが規定され、国が対応する社会福祉には、国民の生活が危機的な状況に陥ることを防ぐセーフティネットとしての役割があることが示されている。また国による社会福祉の取り組みは、経済的な支援や高齢者・障害者などの社会的な弱者への対応が多く、社会からは社会福祉制度を利用する人々に対する蔑んだ認識が根強かった。このような差別や偏見はスティグマと呼ばれている。そのため、社会福祉制度による支援は、国民のうち限られた人々に対するものであると捉えられていた。しかし、その後の高齢化問題や核

家族化の進行による家族形態の変化、生活様式の変化などから国民生活も変わっていき、多様な生活課題が生じるようになってきた。そのような状況において、改めて日本国憲法第十三条の「幸福追求権」が再注目されるようになってきている。

　第十三条　すべて国民は、個人として尊重される。生命、自由及び幸福追求に対する国民の権利については、公共の福祉に反しない限り、立法その他の国政の上で、最大の尊重を必要とする。

　この条文は、近年「ウェルビーイング」を考える際の拠り所として用いられることもある。「ウェルビーイング」とは、「個人の権利を保障し、自己実現をめざし、理想的な目標として掲げる福祉を意味するソーシャルワークの理念に基づく事業や活動達成された状態」を指す（成清・加納、2015、28）。ここで重要となるのは自己実現である。それは国民全体に共通する考え方であり、それぞれが理想とする生活像を追い求めることが尊重されている。このことから、地域生活を基盤とした社会福祉のあり方が、21世紀に入ってからますます盛んに議論されるようになってきている。

２）主な社会福祉の法体系について

　我が国の社会福祉に関する法律の全体像について、図３−１のように捉えられることが多い。また、我が国の社会福祉の法律等は、常に日本国憲法の内容と整合性が取れたものでなければならない。

　まず、社会福祉に関する共通事項を規定した法律が社会福祉法である。図３−１で言えば、下段にあたる。この法律は、1951（昭和26）年に制定された社会福祉事業法がそのもととなっており、2000（平成12）年に社会福祉法に改正され、現在運用されている。続いて社会福祉法と関連しながら、分野ごとによる法律が構成されている。図３−１で言えば、中段にあたるものである。これに該当する法律のうち、生活保護法、児童福祉法、身体障害者福祉法は、昭和20年代に制定された法律として、福祉三法と呼

子ども・子育て支援法 2012(平成24)年		障害者総合支援法 2005(平成17)年				介護保険法 1997 (平成9)年	

母子及び父子並びに寡婦福祉法 1964 (昭和39)年	児童福祉法 1947(昭和22)年	身体障害者福祉法 1949 (昭和24)年	知的障害者福祉法 1960 (昭和35)年	精神保健福祉法 1950 (昭和25)年	発達障害者支援法 2004 (平成16)年	老人福祉法 1963(昭和38)年	生活保護法 1950 (昭和25)年

社会福祉法 1951(昭和26)年

図3-1 主な社会福祉の法体系

〔出典：(公財)児童育成協会 監修(2019)『新・基本保育シリーズ4 社会福祉』中央法規出版、p.33〕

ばれる。さらに、昭和30年代に制定された、老人福祉法、知的障害者福祉法（制定時は精神薄弱者福祉法という名称）、母子及び父子並びに寡婦福祉法（制定時は母子福祉法という名称）と合わせて、これら6つの法律は福祉六法と呼ばれる。福祉六法は、戦後の我が国の主要な社会福祉制度を作り上げていき、現在の社会福祉制度の骨格を成すものとなっている。さらに、精神保健分野の法律として制定された「精神保健法」が、1995（平成7）年に「精神保健及び精神障害者福祉に関する法律」（精神保健福祉法）として改正され、精神疾患患者への福祉的支援の充実が図られるようになった。その他、2000年代になると、発達障害への社会的な関心や支援の必要性が認識され、2004（平成16）年に「発達障害者支援法」が制定され、障害者分野の制度的な充実が図られてきた。

　ただし図3-1の中段に該当する法律の大半は、措置制度によって運用されている。措置制度とは、「行政機関の措置権に基づいて、福祉サービスの提供に関する決定をすること」を指す（成清・加納、2015、248）。これは、各法律による制度を利用しようとするならば、対象者（児童、高齢者、障害者等）が行政機関の窓口に利用申請の手続きを行い、行政機関による審査が下されたのち、サービスを利用する仕組みである。この制度の場合、対象者には、サービス提供事業者の選択などは保障されておらず、行政処

分として結果が通知される。しかし、1990年頃になると、高齢者をはじめに、児童分野、障害者分野での社会福祉サービスを提供する事業者数などを拡大させていく動きとなり、その後、2000年代初めに実施された社会福祉基礎構造改革の一環として、サービスを利用する対象者とサービス提供の事業者間での対等な契約関係が重視されるようになっていった。措置制度と契約制度によるサービス利用者、サービス事業者、行政機関の役割の違いについては、図３－２のとおりである。

　最後に上段にあたる法律は、契約関係に基づく社会福祉サービスの給付等を規定しているものとなっている。高齢者分野においては、1997（平成９）年に制定された「介護保険法」（2000（平成12）年施行）において、介護サービスが提供されている。障害分野のうち、身体障害と知的障害分野及

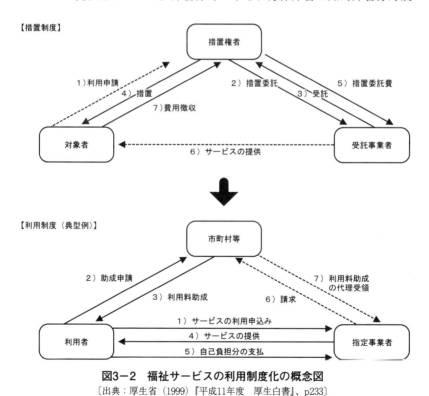

図3－2　福祉サービスの利用制度化の概念図

〔出典：厚生省（1999）『平成11年度　厚生白書』、p233〕

び一部の障害児のサービスについては、2003（平成15）年から支援費制度
として運用された。その後、支援費制度の課題への対応として、2005（平
成17）年に「障害者自立支援法」が制定された。この法律によって３障害
（身体障害・知的障害・精神障害）に共通したサービスが一元的に運用さ
れたが、その後、2012（平成24）年に「障害者の日常生活及び社会生活を
総合的に支援するための法律」（障害者総合支援法）に改正され、現在運
用されている。なお「障害者総合支援法」は、難病患者、発達障害者等と
も関連があり、中段にある各種法律とも接点がある。児童分野においては、
保育所等の入所利用に関して、これまで市町村での措置利用であったが、
1997（平成９）年から保育所への入所には契約方式がとられてきた。2012（平
成24）年に子ども・子育て支援法等が制定されてからは、保育所だけでなく、
幼稚園や認定こども園への入所においても同様の方式がとられている。

3）社会政策から見た社会福祉の範囲

　福祉六法が主流であった20世紀後半であれば、社会福祉が対象とする範
囲は、各法律の対象者に限定されることが主であった。しかし、現在の我
が国において、対象者を限定とした社会福祉だけでは対応できない社会問
題が多く発生している。例えば、介護を挙げると、高齢者への介護サービ
スによる対応が中心となるが、家族による介護が必要となる場合も多く、
それによる介護負担や現役世代の介護者が直面する介護離職の問題があ
る。介護と仕事の両立ができず、家族が介護を行うために離職し、そのこ
とで家族の生計が著しく苦しい状況に直面することが起きている。同様に
子育て世代においては、仕事と子育ての両立の難しさが経済活動への影響
を招いたり、教育に関する課題を誘発したりしていると考えられる。この
ように、現代において社会福祉の問題は、対象者のみの問題だけでなく、
その周りにいる家族や社会においても影響を与えるものとなっている。し
たがって、生活に関連する分野で社会問題にも関心を寄せて対応しなけれ
ばならない。そのような状況において、古川孝順（2008）は、社会政策の
観点から社会福祉が対応する範囲を図３−３のように示している。古川は、

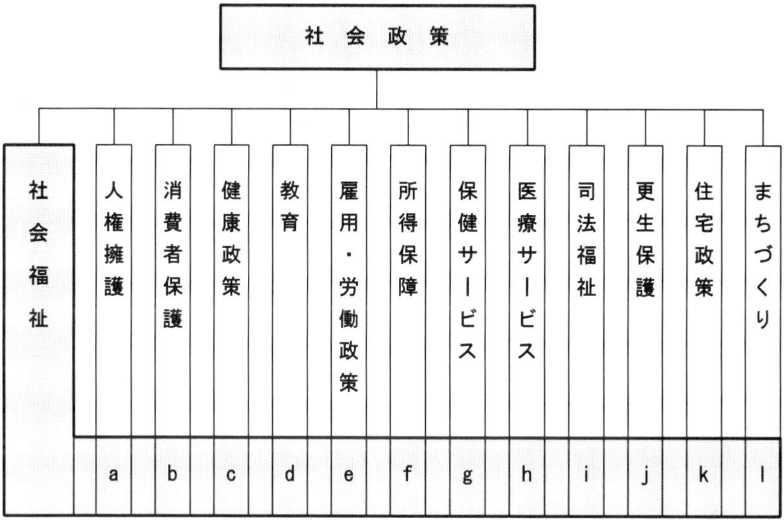

```
                    ┌─────────────────┐
                    │   社 会 政 策    │
                    └────────┬────────┘
```

社会福祉	人権擁護	消費者保護	健康政策	教育	雇用・労働政策	所得保障	保健サービス	医療サービス	司法福祉	更生保護	住宅政策	まちづくり
	a	b	c	d	e	f	g	h	i	j	k	l

（例示）
a　福祉サービス利用援助事業（権利擁護事業）等
b　サービス提供事業者による情報提供・苦情対応等
c　障害者スポーツ・高齢者スポーツ・介護予防事業等
d　各種障害児施設・学童保育・学校ソーシャルワーク
e　福祉雇用・作業所・授産施設・就労支援等
f　生活保護・児童扶養手当・各種の居住型施設等
g　乳幼児・妊産婦・老人保健サービス・保健ソーシャルワーク等
h　医療扶助・更生医療・育成医療・医療ソーシャルワーク等
i　青少年サービス・家事相談サービス等
j　更生保護相談・就労支援等
k　低所得者住宅・高齢者住宅・母子生活支援施設等
l　福祉のまちづくり事業等

図3－3　社会福祉のL字型構造

〔出典：古川孝順（2008）『社会福祉研究の新地平』有斐閣、p3〕

この図を「社会福祉のL字型構造」と名付けている。この図では、従来から社会福祉が対象としてきた社会政策に加えて、関連領域においても、社会福祉と関連する課題とそれへの政策の必要性を指摘している。実際に、学校現場におけるスクールソーシャルワーカーによる実践、刑務所・少年院や更生保護施設での社会福祉実践などもよく知られるようになってきている。このように社会政策全般にわたる分野において、社会福祉による対

応が必要とされている実情がある中で、国の政策なども単一の省庁のみで対応するのではなく、関係省庁が連携しながら、課題に取り組むことが一般化してきている。今後も社会問題に対して、社会福祉の観点からの政策提言などが求められており、それに対応するための法整備なども連動して進められていくことが重要となっている。

第2節　社会福祉法

1）社会福祉法の概要

社会福祉法の目的について第一条について、次のように記されている。

「この法律は、社会福祉を目的とする事業の全分野における共通的基本事項を定め、社会福祉を目的とする他の法律と相まつて、福祉サービスの利用者の利益の保護及び地域における社会福祉（以下「地域福祉」という。）の推進を図るとともに、社会福祉事業の公明かつ適正な実施の確保及び社会福祉を目的とする事業の健全な発達を図り、もつて社会福祉の増進に資することを目的とする」

さらに、福祉サービスの基本的理念として、「福祉サービスは、個人の尊厳の保持を旨とし、その内容は、福祉サービスの利用者が心身ともに健やかに育成され、又はその有する能力に応じ自立した日常生活を営むことができるように支援するものとして、良質かつ適切なものでなければならない」と定めている（社会福祉法第三条）。

共通する基本事項として、主に次の内容で構成されている。

・地方社会福祉審議会（第七条～十三条）
・福祉に関する事務所、社会福祉主事、指導監督及び訓練（第十四条～二十一条）
・社会福祉法人（第二十二条～五十九条）
・社会福祉事業（第六十条～七十四条）
・福祉サービスの適切な利用（第七十五条～八十八条）

　　・社会福祉事業等に従事する者の確保の促進（第八十九条～百六条）
　　・地域福祉の推進（第百六条の二～第百二十四条）

(1)　地方社会福祉審議会

　都道府県並びに指定都市・中核市には、社会福祉に関する事項を調査審議するための審議会、合議制の機関（地方社会福祉審議会）を置くものと定められている。それは、都道府県知事又は指定都市若しくは中核市の長の監督に属し、その諮問に答え、又は関係行政庁に意見を具申する役割がある。また、民生委員の適否の審査や身体障害者の福祉に関することを調査審議するために専門分科会を置き、その他においても必要に応じて専門分科会を置くことができるとされている。

(2)　福祉に関する事務所、社会福祉主事、指導監督及び訓練

　都道府県及び市は、福祉に関する事務所（福祉事務所）を設置しなければならない（必置義務）。町村は、条例でその区域の福祉事務所を設置することができる（努力義務）。また、都道府県、市及び福祉事務所を設置する町村には社会福祉主事を置くこととなっている。なお、都道府県知事並びに指定都市及び中核市の長は、福祉六法（生活保護法、児童福祉法、母子及び父子並びに寡婦福祉法、老人福祉法、身体障害者福祉法、知的障害者福祉法）に関する職員の事務について、その指導監督を行うために必要な計画を立て、実施するよう努め、職員の素質を向上させるために必要な訓練を行わなければならない。

(3)　社会福祉法人

　社会福祉法人は、社会福祉事業を行うことを目的として設立された法人であり、「社会福祉事業の主たる担い手としてふさわしい事業を確実、効果的かつ適正に行うため、自主的にその経営基盤の強化を図るとともに、その提供する福祉サービスの質の向上及び事業経営の透明性の確保を図らなければならない」（社会福祉法第二十四条）と定められている。また、「公

益事業を行うに当たっては、日常生活又は社会生活上の支援を必要とする者に対して、無料又は低額な料金で、福祉サービスを積極的に提供するよう努めなければならない」（社会福祉法第二十四条第二項）と定められている。なお社会福祉法人は、評議員、理事、監事を選任し、評議員会と理事会を置かなければならない。評議員会は、社会福祉法や定款で定めた事項に関する決議機関である。理事会は、社会福祉法人の業務執行の決定、理事の職務における執行の監督、理事長の選定及び解職を行う機関である。

(4)　社会福祉事業

　社会福祉事業は、第一種社会福祉事業と第二種社会福祉事業に分けられている（表3－1）。第一種社会福祉事業は、「国、地方公共団体又は社会福祉法人が経営することを原則とする」（社会福祉法第六十条）と定められており、公的な責任による事業運営が重視されている。具体的には、入所施設のように居住を目的とした施設などが含まれており、生活基盤の根幹を成す事業が特徴的である。また第二種社会福祉事業は、在宅福祉サービスなどに代表される事業が含まれており、事業によっては、国、地方公共団体や社会福祉法人のみならず、NPO法人や営利法人などにおいても事業運営が行われている。

(5)　福祉サービスの適切な利用

　国及び地方公共団体は、福祉サービス利用者が必要な情報を得られやすいように措置を講ずるように努めなければならない（社会福祉法第七十五条第二項）。また利用者が、適切かつ円滑に福祉サービスを利用することができるように、社会福祉事業の経営者は社会福祉事業に関する情報提供を努めなければならない（社会福祉法第七十五条）。さらに社会福祉事業の経営者は、福祉サービス利用者との契約の内容等についても説明するよう努めなければならない（社会福祉法第七十六条）。つまり、社会福祉事業を運営する経営者及び事業者と福祉サービス利用者は、対等な契約関係を結ぶことが求められている。しかし、福祉サービス利用者には、契約関

表3-1　第1種、第2種社会福祉事業の一覧

第1種社会福祉事業	第2種社会福祉事業
・生活保護法に規定する救護施設、更生施設 ・生計困難者を無料または低額な料金で入所させて生活の扶助を行う施設 ・生計困難者に対して助葬を行う事業 ・児童福祉法に規定する乳児院、母子生活支援施設、児童養護施設、障害児入所施設、児童心理治療施設、児童自立支援施設 ・老人福祉法に規定する養護老人ホーム、特別養護老人ホーム、軽費老人ホーム ・障害者総合支援法に規定する障害者支援施設 ・売春防止法に規定する婦人保護施設 ・授産施設 ・生計困難者に無利子または低利で資金を融通する事業 ・共同募金を行う事業	・生計困難者に対して日常生活必需品・金銭を与える事業 ・生計困難者生活相談事業 ・生活困窮者自立支援法に規定する認定生活困窮者就労訓練事業 ・児童福祉法に規定する障害児通所支援事業、障害児相談支援事業、児童自立生活援助事業、放課後児童健全育成事業、子育て短期支援事業、乳児家庭全戸訪問事業、養育支援訪問事業、地域子育て支援拠点事業、一時預かり事業、小規模住居型児童養育事業、小規模保育事業、病児保育事業、子育て援助活動支援事業 ・児童福祉法に規定する助産施設、保育所、児童厚生施設、児童家庭支援センター ・児童福祉増進相談事業（利用者支援事業など） ・就学前の子どもに関する教育、保育等の総合的な提供の推進に関する法律に規定する幼保連携型認定こども園 ・母子及び父子並びに寡婦福祉法に規定する母子家庭日常生活支援事業、父子家庭日常生活支援事業、寡婦日常生活支援事業 ・母子及び父子並びに寡婦福祉法に規定する母子・父子福祉施設 ・老人福祉法に規定する老人居宅介護等事業、老人デイサービス事業、老人短期入所事業、小規模多機能型居宅介護事業、認知症対応型老人共同生活援助事業、複合型サービス福祉事業 ・老人福祉法に規定する老人デイサービスセンター（日帰り介護施設）、老人短期入所施設、老人福祉センター、老人介護支援センター ・障害者総合支援法に規定する障害福祉サービス事業、一般相談支援事業、特定相談支援事業、移動支援事業、地域活動支援センター、福祉ホーム ・身体障害者福祉法に規定する身体障害者生活訓練等事業、手話通訳事業又は介助犬訓練事業若しくは聴導犬訓練事業 ・身体障害者福祉法に規定する身体障害者福祉センター、補装具製作施設、盲導犬訓練施設、視聴覚障害者情報提供施設 ・身体障害者更生相談事業 ・知的障害者更生相談事業 ・生計困難者に無料または低額な料金で簡易住宅を貸し付け、または宿泊所等を利用させる事業 ・生計困難者に無料または低額な料金で診療を行う事業 ・生計困難者に無料または低額な費用で介護老人保健施設、介護医療院を利用させる事業 ・隣保事業 ・福祉サービス利用援助事業 ・各社会福祉事業に関する連絡 ・各社会福祉事業に関する助成

〔出典：厚生労働省（2019）『厚生労働白書（平成30年度版）資料編』p192〕

係を結ぶ際に支援を要する人々も存在し、そのための支援として社会福祉法では、福祉サービス利用援助事業を定めている。

　福祉サービス利用援助事業は、都道府県社会福祉協議会または指定都市社会福祉協議会が実施主体となって運営している。都道府県社会福祉協議会では、1999（平成11）年より国の補助事業として地域福祉権利擁護事業の名称で利用者の福祉サービス利用に関する支援を行ってきた経緯がある。その後、日常生活自立支援事業に名称変更され、現在も運営されている。そのため、福祉サービス利用援助事業は、社会福祉協議会の事業としては、日常生活自立支援事業の名称で実施されている。日常生活自立支援事業は、「認知症高齢者、知的障害者、精神障害者等のうち判断能力が不十分な者に対し、利用者との契約に基づき、福祉サービスの利用援助等を行うことにより、地域において自立した生活が送れるよう支援すること」を目的としている（厚生労働省、2019、207）。なお、判断能力が不十分な者とは、「日

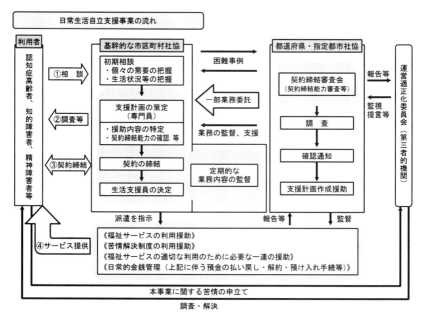

図3-4　日常生活自立支援事業の流れ
〔出典：厚生労働省資料より〕

常生活を営むのに必要なサービスを利用するための情報の入手、理解、判断意思表示を本人のみでは適切に行うことが困難な者」を指している（厚生労働省、2019、207）。具体的な援助内容としては、①福祉サービスの利用援助、②苦情解決制度の利用援助、③住宅改造、居住家屋の賃借、日常生活上の消費契約及び住民票の届出等の行政手続に関する援助である。その他に預金の払い戻し、預金の解約、預金の預け入れの手続等利用者の日常生活費の管理（日常的金銭管理）や定期的な訪問による生活変化の察知なども業務に含まれる（厚生労働省、2019、207）。なお苦情解決の窓口として、運営適正化委員会という第三者的な機関を各都道府県社会福祉協議会に設置している。その他、日常生活自立生活支援事業の手順の詳細については、図3－4の通りである。

(6)　社会福祉事業等に従事する者の確保の促進

　厚生労働大臣は、社会福祉事業の適正な実施を確保し、社会福祉事業等が健全に発達するために、社会福祉事業等従事者の確保、国民の社会福祉に関する活動への参加の促進を図るための基本指針を定めなければならない。その基本指針には、社会福祉事業等従事者の就業動向、社会福祉事業等従事者への処遇改善、資質の向上等への措置、国民の社会福祉事業等に対する啓発、参加促進に関することが含まれている。社会福祉事業等従事者の確保に関する取り組みとして、都道府県は都道府県福祉人材センターを設置することができる。現在は、各都道府県社会福祉協議会に福祉人材センターが設置されており、その支所として各市町村社会福祉協議会に福祉人材バンクが設けられている。その他、全国的な組織として、全国社会福祉協議会には中央福祉人材センターが設置されている。福祉人材センターの具体的な取り組みについては、図3－5の通りである。

(7)　地域福祉の推進

　社会福祉法第四条では、「地域住民、社会福祉を目的とする事業を経営する者及び社会福祉に関する活動を行う者（地域住民等）は、相互に協力

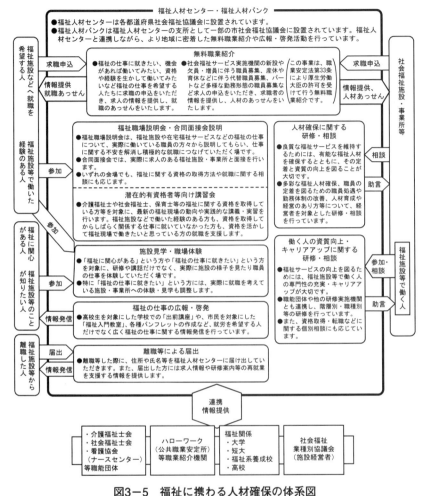

図3-5　福祉に携わる人材確保の体系図

〔出典：厚生労働省（2019）『平成30年度版　厚生労働白書』p199〕

し、福祉サービスを必要とする地域住民が地域社会を構成する一員として
日常生活を営み、社会、経済、文化その他あらゆる分野の活動に参加する
機会が確保されるように、地域福祉の推進に努めなければならない」と
定められている。さらに、「地域住民等は、地域福祉の推進に当たっては、

福祉サービスを必要とする地域住民及びその世帯が抱える福祉、介護、介護予防（要介護状態若しくは要支援状態となることの予防又は要介護状態若しくは要支援状態の軽減若しくは悪化の防止をいう）、保健医療、住まい、就労及び教育に関する課題、福祉サービスを必要とする地域住民の地域社会からの孤立その他の福祉サービスを必要とする地域住民が日常生活を営み、あらゆる分野の活動に参加する機会が確保される上での各般の課題を把握し、地域生活課題の解決に資する支援を行う関係機関との連携等によりその解決を図るよう特に留意する」ことが位置付けられている（第四条の二）。したがって、社会福祉は国民全体にかかわる取り組みであり、そのために、生活者である地域住民や具体的に事業を行っている人々等も含めて、地域を基盤とした社会福祉事業・活動を推進することが掲げられている。さらに、2018（平成30）年の社会福祉法改正において、市町村には、高齢者や子ども、障害者などの分野ごとの取り組みに終始するのではなく、分野間の取り組みの共有を図りながら、地域全体としての一まとまりのある包括的な支援体制を築くために必要な措置を講じることが位置付けられている。これらを具体化させるために、市町村では市町村地域福祉計画の策定が努められており（努力義務）、市町村単位の地域生活課題を解決するために必要な取り組みの目標などを盛り込むことができる。また、市町村地域福祉計画の達成を支援するために、都道府県には都道府県地域福祉支援計画の策定が努力義務として課されている。

　地域福祉の推進を図ることを目的とする団体として社会福祉協議会がある。社会福祉協議会は、市町村の区域を単位として組織されている市町村社会福祉協議会、都道府県の区域を単位として組織されている都道府県社会福祉協議会が設立されている。社会福祉協議会の連合体として組織されている全国社会福祉協議会という団体もある。社会福祉協議会は地域住民を核とした民間の団体であり、現在すべての社会福祉協議会は、社会福祉法人として運営されている。

　その他に、都道府県単位で地域福祉の推進を図るために寄付金を募る活動として、共同募金事業を行っている都道府県共同募金会がある。具体的

な取り組みとしては、「赤い羽根共同募金」が有名である。共同募金で集められた寄付金は、その地域の社会福祉事業等を行っている団体に配分されて、それぞれの活動に充てられている。

第3節　社会福祉の実施体制

　国や都道府県などの行政機関による実施体制の全体像については、図3-6の通りである。その中で、社会福祉に関する国の代表的な実施機関は厚生労働省であり、社会保障全般に関する制度運用を執り行っている。具体的な部局としては、保険局（医療保険制度）、子ども家庭局（子ども・子育て支援）、社会・援護局（障害者支援・生活困窮・地域福祉等）、老健局（介護保険制度）、年金局（年金保険制度）などがある。また国には、諮問機関として社会保障や人口問題について調査審議する社会保障審議会が設置されている。現在、国および都道府県や市町村の役割分担として地方分権が進められており、国は制度運用等に関する統一的な方針を定める役割が強く、具体的な制度運用の役割は都道府県、市町村に移行している。行政機関が行う事務について、地方分権一括法では、「都道府県、市町村又は特別区が処理することとされる事務のうち、国が本来果たすべき役割に係るものであって、国においてその適正な処理を特に確保する必要があるものとして法律又はこれに基づく政令に特に定めるもの」（地方分権一括法第二条第十一項の一）を第一号法的受託事務と呼び、「市町村又は特別区が処理することとされる事務のうち、都道府県が本来果たすべき役割に係るものであって、都道府県においてその適正な処理を特に確保する必要があるものとして法律又はこれに基づく政令に特に定めるもの」（地方分権一括法第二条第十一項の二）を第二号法的受託事務と呼ぶ。また、「地方公共団体が処理する事務のうち、法定受託事務以外のもの」（地方分権一括法第二条第十一項）を自治事務と呼ぶ。地方分権の流れの中で、国の事務的な役割が都道府県や市町村に、都道府県の事務的な役割が市町村に

移行することによって、利用者である市民への円滑な対応の実現を目指しており、社会福祉に関する実施体制としての市町村の役割がますます重要となってきている。

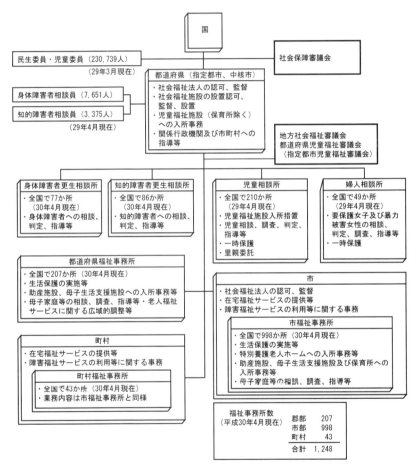

図３−６　社会福祉の実施体制の概要

〔出典：厚生労働省（2019）『厚生労働白書（平成30年度版）資料編』p191〕

引用・参考文献

1）大久保秀子（2010）『新　社会福祉とは何か』中央法規出版

2）厚生省（1999）『平成11年度　厚生白書』

3）厚生労働省（2019）『厚生労働白書（平成30年度版）資料編』

4）公益財団法人　児童育成協会監修、松原康雄・圷洋一・金子充編集（2019）『新基本保育シリーズ4　社会福祉』中央法規出版

5）社会福祉士養成講座編集委員会編集（2014）『新・社会福祉養成講座　現代社会と福祉　第4版』中央法規出版

6）成清美治・加納光子編集代表、(2015)『現代社会福祉用語の基礎知識　第12版』学文社

7）福田素生　他（2017）『系統看護学講座　専門基礎分野　健康支援と社会保障制度［3］　社会保障・社会福祉　第18版』医学書院

8）古川孝順（2008）『社会福祉研究の新地平』有斐閣

第4章　社会保障制度と公的扶助

第1節　社会保障の制度…医療保険、年金保険、雇用保険、介護保険等

1）社会保障の概念

　世界の先進国の間で社会保障という言葉は使われているが、その概念や定義について世界共通のものがあるわけではない。それぞれの国や地域において歴史的に形成・展開されてきた経緯もあり、またその形や機能、役割も異なる。例えば、アメリカにおいて社会保障とは所得保障を意味するが、ドイツやフランス等では医療保障を含む。その中で共通点を見いだすとすれば、「ある国においてすべての国民を対象として生活保障のための公的な給付やサービスを提供する仕組み」と表現できる（川村、2018、15）。

　日本における代表的な社会保障の定義は、1950（昭和25）年の「社会保障制度に関する勧告」（いわゆる「50年勧告」）による定義である。公的責任を明示し、最低限度の生活保障のために社会連帯を重視しており、今日においても日本の社会保障制度の基本的な枠組みに影響を与えている。

【社会保障制度に関する勧告（50年勧告）の一部分】

　社会保障制度とは，疾病，負傷，分娩，廃疾，死亡，老齢，失業，多子その他困窮の原因に対し，保険的方法又は直接公の負担において経済保障の途を講じ，生活困窮に陥った者に対しては，国家扶助によって最低限度の生活を保障するとともに，公衆衛生及び社会福祉の向上を図り，もってすべての国民が文化的社会の成員たるに値する生活を営むことができるようにすることをいうのである。

> このような生活保障の責任は国家にある。国家はこれに対する総合的企画を
> たて，これを政府及び公共団体を通じて民主的能率的に実施しなければならな
> い。この制度は，もちろん，すべての国民を対象とし，公平と機会均等とを原
> 則としなくてはならぬ。またこれは健康と文化的な生活水準を維持する程度の
> ものたらしめなければならない。そうして一方国家がこういう責任をとる以上
> は，他方国民もまたこれに応じ，社会連帯の精神に立って，それぞれの能力に
> 応じてこの制度の維持と運用に必要な社会的義務を果さなければならない。

2）社会保障の仕組み

　日本における社会保障は狭い範囲としては社会保険、社会福祉、公的扶
助、公衆衛生および医療、老人保健とされる。広い範囲としては、これに
恩給、戦争犠牲者援護を含む。さらに社会保障関連制度として住宅、雇用
対策を含める。

　狭い範囲の社会保障を供給面から整理すると、社会保険と社会扶助の2
つに大きく分けることができる。社会保険とは予想されるリスク（事故）
に対して事前に保険料を拠出して備える保険原理[注1]と、社会全体で支え合
う社会的扶養原理を統合した保険であり、民間保険とは異なった考え方で
運営されている。社会扶助は公費を財源に、何らかの社会的ニーズを満た
すための金銭やサービスを給付する。その際、納税のみを持って受給する
根拠とはならず、社会的にその必要性が判断されることによって給付され
る。社会保険は保険料を支払った事による対価という点で権利性が強く、
それに対して社会扶助はサービス提供者側（行政庁）によって支給するか
が判断されるために権利性は低い。

(1)　社会保険

　日本における社会保険の体系は図4−1に示したように、①医療保険、
②年金保険、③介護保険、④雇用保険、⑤労働者災害補償保険の5つから
構成される。

　医療保険はケガや病気、出産等の際に、高額な負担をすることなく安心

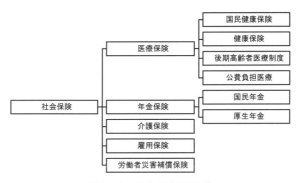

図4－1　社会保険の体系

して医療を受けることができるための保険である^{注2}。サラリーマンや公務員等の被用者（雇用されて働く者）が加入する健康保険と、自営業や農業、漁業等に従事する者が加入する国民健康保険、そして75歳以上及び65歳以上の介護等が必要と認められる者が加入する後期高齢者医療制度がある（図4－2）。なお、65歳以上75歳未満の者（前期高齢者）については、国民健康保険や健康保険等に加入することとなるが、各医療保険の加入者数に占める前期高齢者の割合によって不均衡が生じるため、これを調整するための前期高齢者財政調整制度が設けられている。これ以外には難病対策、原爆被爆者対策、感染症対策等を担う後期負担医療制度もある。日本では全ての国民がいずれかの医療保険に加入することとなっており、これを国民皆保険という。

　年金保険は将来の老齢、障害、死亡といったリスクに備える所得保障を目的とした保険であり、2階建て構造となっている。1階部分は全ての国民が強制加入する国民年金保険で基礎年金とも言われる。2階部分はサラリーマンや公務員等が上乗せして加入する厚生年金保険がある。それ以外に国民年金基金、厚生年金基金、個人型確定拠出年金（iDeCo）があり、これらについては各自が任意で加入することとなる。国民年金については社会的扶養原理に基づいて低所得者に対する減額・免除、学生に対する猶予などの措置が用意されている（図4－3）。

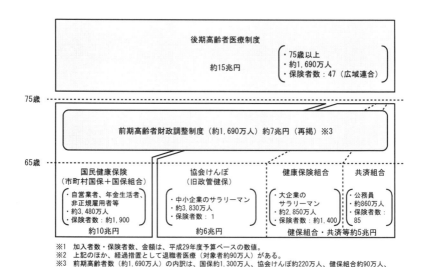

図4－2　医療保険制度の体系

〔出典：厚生労働省ウェブサイト（https://www.mhlw.go.jp/stf/seisakunitsuite/bunya/kenkou_iryou/iryouhoken/iryouhoken01/index.html、2019年12月25日閲覧）〕

　老齢年金は、65歳以上で10年以上保険料を納付していれば受給することができる。障害年金は障害の程度に応じて受給することができる。遺族年金については、国民年金の遺族基礎年金は子どもがいれば、厚生年金の遺族厚生年金は子どもがいなくても遺族が受け取ることができる。一般的に年金保険は「高齢者のためのもの」というイメージがあるが、幅広い世代を対象とした所得保障をおこなっている。

　介護保険は、年齢を重ねることによって介護が必要になった場合に、その必要度合いに応じて介護サービスを利用することができる保険である。社会の高齢化の進展と、介護ニーズの多様化と高度化に対応するために、2000（平成12）年に介護の社会化、利用者本位のサービス提供、民間の工夫の活用、自己実現・自立支援を柱にスタートした。65歳以上の者が第1号被保険者、40歳以上65歳未満で医療保険加入者が第2号被保険者として加入する。第2号被保険者は16の特定疾病によって介護が必要となった者が利用することができるが、それ以外の理由による介護については障害者

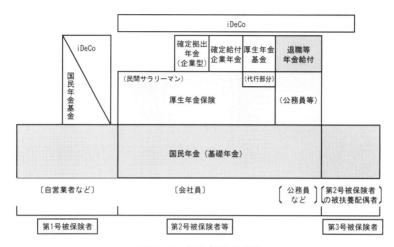

図4-3　年金保険の構造

〔出典:厚生労働省ウェブサイト（https://www.mhlw.go.jp/nenkinkenshou/structure/structure03.html、2019年12月25日閲覧）〕

総合支援法による対応となる。介護サービスを利用するには要介護認定を受け、ケアプランを作成した上で介護サービスを利用することとなる（詳細については第11章参照）。

　雇用保険は労働者が失業した場合や、雇用の継続が困難となるような場合に必要な給付が行われる。それ以外にも、労働者が仕事に関わる教育訓練を受けた場合に必要な給付も行っており、労働者の生活と雇用の安定を目的としている。雇用保険は1947（昭和22）年に制定・施行された失業保険法が、1974（昭和49）年に充実・強化される形で改正されて雇用保険法として制定された。保険者は政府であり、その窓口は公共職業安定所（ハローワーク）が担っている。被保険者は65歳以上の高年齢被保険者、短期間の雇用の短期雇用特例被保険者、日雇い労働者を対象とした日雇労働被保険者、そしてそれ以外の一般被保険者の4種類がある。1週間の所定労働時間が20時間以上等の一定の要件を満たせば、パートタイム労働者であっても加入することができる。ただし、生徒または学生は適用対象外である。給付内容としては、失業後に仕事を探す間の生活費に相当する求職

者給付、職業訓練のための教育訓練給付、さらには育児休業給付や介護休業給付等のような雇用継続給付がある。これ以外に中小企業緊急雇用安定助成金や地域的な雇用改善の給付金等の雇用安定事業と、認定訓練助成事業やキャリア形成促進助成金等の能力開発事業の雇用保険二事業も行っている。

　労働者災害補償保険は、労働者の業務上や通勤途中における病気やケガ、障害、死亡といった事故に対して、必要な保険給付や社会復帰の促進を行うとともに、労働者が安全に働けるための環境の確保も担っている保険である。業務上とは、会社施設内外での勤務中のケガや、業務による病気（災害性疾病）や職業病といった場合のことを指す。保険者は政府である。適用されるのは労働者を使用する事業であるが、公務員については別となる。保険料については全て事業主負担であり、労働者の負担はない。ただし通勤災害によるケガの治療を受ける場合は200円を超えない範囲で一部負担金が徴収される。給付内容としては療養給付、休業給付、障害年金、介護給付、遺族年金前払一時金など治療以外も含まれており幅広い。また、社会復帰促進等事業もおこなっており①労災病院の設置運営等を含む被災労働者の円滑な社会復帰の促進（社会復帰促進事業）、②被災労働者の子どもの学資支援やケアプラザの運営（被災労働者等援護事業）、③メンタルヘルス対策やアスベスト対策等（安全衛生確保等事業）がある。

(2)　社会扶助

　社会扶助は社会手当、生活保護、社会福祉の3領域から構成される（図4−4）。生活保護については本章第3節以降にて、社会福祉については第5章以降において詳しく扱われているので、ここでは社会手当に絞って説明を行う。

　社会手当は社会保険と社会扶助の中間的な制度であり、保険料のような拠出を必要とせず、低所得者を排除することなく一定の社会的必要性に応じて現金が給付される仕組みである。また生活保護のように資力調査もないために受給にあたってスティグマ（恥辱）もない。歴史的にさかのぼると、

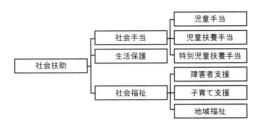

図4-4　社会扶助の主な体系

第二次世界大戦前のフランスでの家族手当が先駆けと言われている。日本においては①児童手当、②児童扶養手当、③特別児童扶養手当、④障害児福祉手当、⑤特別障害者手当の5つを挙げることができる。

　児童手当は、親等の保護者が子育ての第一義的責任があるという基本認識の下に、子どもを育てている者に対して現金を給付し、家庭等における生活の安定に寄与するとともに、次代の社会を担う子どもたちの健やかな成長に資することを目的に行われている。支給対象は、日本国内に住所を有する中学校修了前までの子どもを家庭で育てている父母等や、子どもが福祉施設に入所している場合は施設に支給されるが、所得制限がある。実施機関は市区村長（公務員については所属庁の長）である。所得制限限度額未満であれば、3歳未満が月額15,000円、3歳から小学生のうち第1、2子は月額10,000円、第3子以降は月額15,000円、中学生は月額10,000円である。所得制限限度額以上の場合は一律月額5,000円である。

　児童扶養手当は、父親または母親と生計を同じくしていない子どもが育てられている家庭（ひとり親家庭）の生活の安定と自立を促すための手当であり、子どもの福祉の増進を図ることを目的としている。当初は死別した母子世帯に対する遺族基礎年金の補完的位置付けであったが、実質的には離婚による生別母子世帯も含めた経済的支援という側面もあった。その後の改正では、手当を5年以上受給している世帯において原則、手当てが一部支給停止となる措置が行われるようになったり、支給対象が父子世帯へと拡大されたり、配偶者からの暴力（ドメスティック・バイオレンス）による保護命令を受けた児童を養育している者も支給要件に追加される等

が行われている。対象となる子どもの年齢は18歳に達する日以後の最初の
３月31日までの間にある者、もしくは20歳未満で国民年金法の障害程度１・
２級に該当する者となっている。

　特別児童扶養手当は、20歳未満で精神または身体に中程度以上の障害が
ある子どもを家庭において育てている父母等に対して現金を支給し、子ど
もの福祉の増進を図ることを目的としている。さらに常時介護を必要とす
るような精神または身体に重度の障害のある20歳未満の子どもを家庭で介
護している場合は障害児福祉手当が支給される。また、20歳を超えた重度
の障害者を家庭で介護している場合は、特別障害者手当が支給される。こ
れらは家庭における精神的、物質的な負担を軽減することを目的としてい
る。

第２節　貧困概念の変遷と現代の貧困

１）絶対的貧困

　生活に必要となる物資に事欠くほどの状態を絶対貧困という。おそらく
一般的に「貧困」と言われて思い浮かぶイメージは、このような「飢餓」
状態と言えるような命に関わるような状態であろう。その古典的な定義は、
イギリスのヨーク市で貧困調査を行ったラウントリーによる第１次貧困と
第２次貧困にさかのぼることができ、第１次貧困を「その総収入が、家族
員の単なる肉体的能率を保持するための最小限度にも足りない家庭」と定
義している[注3]（B. S Rowntree, 1922）。

２）相対的貧困

　相対的貧困は、絶対的貧困よりやや上の層、あるいは絶対的貧困の予備
群やボーダーライン層という理解がなされていることもあるが、現在はそ
の国における可処分所得の中央値の半分に満たない状態と定義される。日
本における子どもの貧困率の計算ではこの方法が採られている。絶対的貧

困が生命という点において「絶対的」であるのに対して、相対的貧困は社会全体の中での「相対的」な位置から貧困を利用しようとする概念である。

3）相対的剥奪

　社会全体が豊かになってくることで、経済的な欠乏のみで貧困を語ることが難しくなってきた。そこでタウンゼントは相対的剥奪を提起した。これは「人々が社会で通常手に入れることのできる栄養、衣服、住宅、居住設備、就労、環境面や地理的な条件についての物的な標準にこと欠いていたり、一般に経験されているか享受されている雇用、職業、教育、レクリエーション、家族での活動、社会活動や社会関係に参加できない、ないしはアクセスできない」状態のことをいう（阿部、2006、252）。

4）社会的排除

　相対的剥奪を更に拡げる概念として出てきたのが、現代の貧困を理解する鍵概念となる社会的排除である。社会的排除は、参加の欠如、関係の不足を含めている（岩田、2008、22 - 23）。また「個人の権利の欠如・不十分性であり、市民社会の個人として自己自身の権利に基づいた選択ができない状態、すなわち個人の自己決定の阻害」された状態としても定義することができる（志賀、2016、79）。その特徴は、社会的な参加・つながりの欠如があり、関係の側面まで視野に入れていることが特徴である。その対象も個人や世帯だけではなく、コミュニティ、社会へと幅広く捉える点にある（福原、2007、15）。この社会的排除を克服する対概念が社会的包摂である。

　このように貧困のとらえ方は時代の流れと共に変化してきており、生活者の困難の有り様をその時代や社会状況に合わせて捉えようとしている点に留意が必要である。

第3節　生活保護法と制度

1）目的と理念

　生活保護は、憲法第25条に規定される生存権（健康で文化的な生活を営むことができる権利）を保障するための制度である。生活に困窮する者に対して、その困窮の程度に応じて必要な保護を行い、最低限度の生活を保障することを目的としている。

2）基本原理

　生活保護は①国家責任、②無差別平等、③最低生活保障、④補足性の4つの基本原理（基本的考え方）が掲げられている（表4-1）。実践面において重要な意義を持つと言われているのが保護の補足性の原理である。保護を受けるにあたっては「資産、能力、その他あらゆるもの」を活用することが必要となる。したがって個人が持っている資産や働く能力、年金や様々な手当等の社会保障給付を、生活保護よりも先に活用することが求められる。ただし、住居を所有している場合、ケースによってはそのまま居住しながら生活保護を受けることができることもある。

表4-1　生活保護の基本原理

国家責任の原理 （生活保護法第1条）	国が生活に困窮するすべての国民に対し、その困窮の程度に応じ、必要な保護を行い、その最低限度の生活を保障するとともに、その自立を助長することを目的とする。
無差別平等の原理 （同法第2条）	すべて国民は、この法律の定める要件を満たす限り、この法律による保護を、無差別平等に受けることができる。
最低生活保障の原理 （同法第3条）	保障される最低限度の生活は、健康で文化的な生活水準を維持することができるものでなければならない。
補足性の原理 （同法第4条）	保護は、生活に困窮する者が、その利用し得る資産、能力その他あらゆるものを、その最低限度の生活の維持のために活用することを要件として行われる。

３）原則

　保護が行われるにあたっては①申請保護の原則、②基準及び程度の原則、③必要即応の原則、④世帯単位の原則の４つの原則が掲げられている（表４－２）。この中でも世帯単位の原則については、生活困窮等の状態が、生活を一緒にしている世帯全体における現象であると考えられるため、生活保護が必要かどうかについては世帯を単位として判断することとなっている。ただし、厳密にこの原則を当てはめてしまうと、働く能力や機会があるにも関わらずに働こうとしない者（大学等への進学者もここに含まれる）が１人でもいると、世帯全員が生活保護を受けることができなくなる。そのため、例外として個人を単位として判断を行ったり、あるいはその者を世帯分離して他の家族（世帯員）を保護するということが行われる。

４）扶助と保護基準

　生活保護において給付される種類は、①生活扶助、②住宅扶助、③教育扶助、④医療扶助、⑤介護扶助、⑥出産扶助、⑦生業扶助、⑧葬祭扶助の８扶助である（表４－３）。教育扶助においては、義務教育に必要な教科書、学用品、給食費等が支給される。高校への進学については「技能修得費」

表4－2　生活保護の原則

申請保護の原則 （生活保護法第七条）	保護は、要保護者、その扶養義務者又はその他の同居の親族の申請に基いて開始するものとする。但し、要保護者が急迫した状況にあるときは、保護の申請がなくても、必要な保護を行うことができる。
基準及び程度の原則 （同法第八条）	保護は、厚生労働大臣の定める基準により測定した要保護者の需要を基とし、そのうち、その者の金銭又は物品で満たすことのできない不足分を補う程度において行うものとする。
必要即応の原則 （同法第九条）	保護の基準は、要保護者の年齢別、性別、世帯構成別、所在地域別その他保護の種類に応じて必要な事情を考慮した最低限度の生活の需要を満たすに十分なものであつて、且つ、これをこえないものでなければならない。 保護は、要保護者の年齢別、性別、健康状態等その個人又は世帯の実際の必要の相違を考慮して、有効且つ適切に行うものとする。
世帯単位の原則 （同法第十条）	保護は、世帯を単位としてその要否及び程度を定めるものとする。但し、これによりがたいときは、個人を単位として定めることができる。

表4-3　扶助の種類

生活を営む上で生じる費用	扶助の種類	支給内容
日常生活に必要な費用 （食費・被服費・光熱費等）	生活扶助	基準額は、 1.(1)食費等の個人的費用 2.(2)光熱水費等の世帯共通費用を合算して算出。 特定の世帯には加算があります。（母子加算等）
アパート等の家賃	住宅扶助	定められた範囲内で実費を支給
義務教育を受けるために必要な学用品費	教育扶助	定められた基準額を支給
医療サービスの費用	医療扶助	費用は直接医療機関へ支払（本人負担なし）
介護サービスの費用	介護扶助	費用は直接介護事業者へ支払（本人負担なし）
出産費用	出産扶助	定められた範囲内で実費を支給
就労に必要な技能の修得等にかかる費用	生業扶助	定められた範囲内で実費を支給
葬祭費用	葬祭扶助	定められた範囲内で実費を支給

〔出典：厚生労働省ウェブサイト（https://www.mhlw.go.jp/stf/seisakunitsuite/bunya/hukushi_kaigo/seikatsuhogo/seikatuhogo/index.html、2019年12月25日閲覧）（一部改編）〕

として生業扶助から支給される。これは、現代における高校進学率を踏まえ、高校進学をする方が就職しやすくなり本人及び家族（世帯員）の自立につながると考えられているためである。また、生活扶助においては妊産婦加算、障害者加算、介護施設入所者加算、児童養育加算、介護保険料加算、母子加算等があり、必要に応じて加算が行われる。

　生活保護費の決め方は、まず最低生活費を計算し、次に世帯の誰かが働いている場合はその収入から各種経費等を引いた額（収入充当額）を計算する。その上で最低生活費から収入充当額を差し引いた額が扶助額となる（図4-5）。

　各世帯類型別に見た生活扶助の基準は、表4-4の通りである。住んでいる地域によって物価が異なる点が反映されており、大都市部ほど基準は高くなるようになっている。

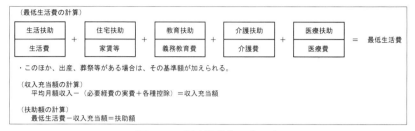

図4－5　生活保護費の決め方

〔出典：厚生労働省『平成30年度　厚生労働白書』p205〕

表4－4　世帯類型別生活扶助基準（2016年度）

	3人世帯 33歳男・29歳女・ 4歳子	高齢単身世帯 68歳女	高齢夫婦世帯 68歳男・65歳女	母子世帯 30歳女・4歳子・ 2歳子
1級地－1	160,110	80,870	120,730	189,870
1級地－2	153,760	77,450	115,620	183,940
2級地－1	146,730	73,190	109,250	174,860
2級地－2	142,730	71,530	106,770	171,940
3級地－1	136,910	68,390	102,090	164,820
3級地－2	131,640	65,560	97,860	159,900

（注）冬季加算（Ⅵ区×5/12）、児童養育加算及び母子加算を含む。

〔出典：厚生労働省『平成30年度　厚生労働白書』p205〕

5）手続きと保護施設

　生活保護の実施は、要保護者が住んでいる地域を管轄する福祉事務所を管理する都道府県知事、市町村長であり、その業務に民生委員が協力をする。

　生活保護の対象は、生活に困窮する日本国民であるが、同じく生活に困窮する在日外国人に対しても人道上・国際道義上の観点から生活保護法に準じて保護が行われる。

　生活保護の支給を求める者は、氏名、住所、理由、資産及び収入等を記入した申請書に、必要な書類を添付して福祉事務所に提出する。申請を受けた福祉事務所は、申請から14日以内に保護の要否、方法等を決定して、理由を付けた上で書面をもって通知することとなっている。なお、生活保

表4－5　各保護施設の施設数と定員

保護施設	施設数	概要
救護施設	186	身体上又は精神上著しい障害があるために日常生活を営むことが困難な要保護者を入所させて、生活扶助を行う。
更生施設	21	身体上又は精神上の理由により養護及び生活指導を必要とする要保護者を入所させて、生活扶助を行う。
医療保護施設	59	医療を必要とする要保護者に対して、医療の給付を行う。
授産施設	17	身体上若しくは精神上の理由又は世帯の事情により就業能力の限られている要保護者に対して、就労又は技能の修得のために必要な機会及び便宜を与えて、その自立を助長する。
宿所提供施設	10	住居のない要保護者の世帯に対して、住宅扶助を行う。

〔資料：施設数については厚生労働省『平成30年度　厚生労働白書』p196より。概要については生活保護法を基に筆者作成。〕

護は在宅だけではなく各保護施設においても実施される（表4－5）。

第4節　生活保護の実態

1）保護人数・保護世帯数・世帯分類の推移

　生活保護を受ける人数（被保護者数）と保護率（対人口1000人、‰）は、2000（平成12）年以降は全体的に増加傾向が続いており、2008（平成20）年のリーマンショックのような景気の悪化によってさらなる増加も見られる（図4－6）。直近ではやや減少傾向が見られるが、世帯数については高止まりをしている。

　世帯類型の構成割合（図4－7）を見ると、傷病世帯と母子世帯については構成割合として減少傾向が見られるが、高齢者世帯とその他の世帯の構成割合は増加傾向が見られる。高齢者世帯の増加については、無年金・低年金による影響と考えられるが、就労を促すことによって自立を求めることが難しい年齢でもある点も留意すべきである。その他の世帯については、景気の悪化に伴う雇用情勢の影響によるものである。このように生活保護の被保護者数やその世帯構成は、社会状況を反映していると言える。

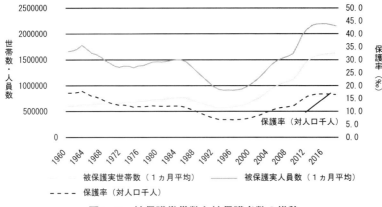

図4－6　被保護世帯数と被保護者数の推移
〔資料：厚生労働省「平成29年度被保護者調査」を基に作成。〕

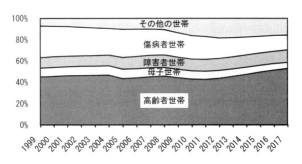

図4－7　世帯類型の構成割合の推移
〔資料：厚生労働省「平成29年度被保護者調査」を基に作成。〕

2）保護の開始・廃止理由

　図4－8のように、生活保護を受給するに至った理由（開始理由）とし
ては、「貯金等の減少・喪失」が36.6％と最も多い。次に「傷病による」が
24.9％と続く。先に景気の悪化などの雇用情勢の影響も受けると述べたよ
うに「失業」が7.1％、「その他の働きによる収入の減少」が5.0％といった
理由も見られる。

　生活保護が終了した理由（廃止理由）については、図4－9のように「死

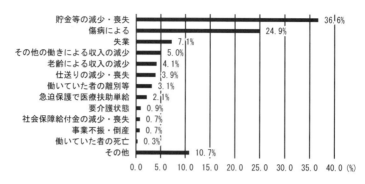

図4−8　保護の開始理由

〔資料：厚生労働省「平成29年度被保護者調査」を基に作成。〕

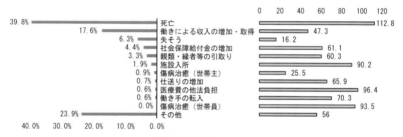

図4−9　保護の廃止理由

〔資料：厚生労働省「平成29年度被保護者調査」を基に作成。〕

亡」が39.8％と最も多く、平均保護受給期間も112.8ヶ月と最も長期となっている。その他を除いて、次いで多いのは「働き手による収入の増加・取得」で17.6％となっており、平均保護受給期間も47.3ヶ月と３番目の短さとなっている。

３）保護受給世帯ごとにおける保護期間の推移

　図４−10は各世帯類型の平均保護期間について2000（平成12）年の数値を０（基準値）とし、その推移を表したものである。各世帯類型別に見てみると、全世帯としては一時的に短期化が見られたものの、直近では長期

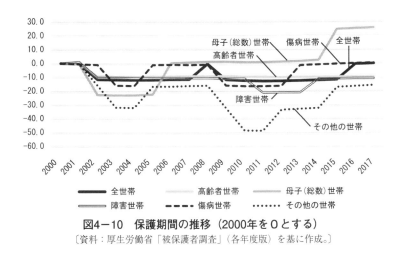

図4－10　保護期間の推移（2000年を０とする）
〔資料：厚生労働省「被保護者調査」（各年度版）を基に作成。〕

化傾向が見られる。2008（平成20）年の雇用情勢の悪化によって「その他
の世帯」の被保護世帯数は増えたが、それは比較的短期間の受給だった。
一方で、2015（平成27）年以降は「その他の世帯」、「母子世帯」ともに長
期化傾向が見られる。

第５節　生活困窮者への支援

　生活困窮者とは「就労の状況、心身の状況、地域社会との関係性その他
の事情により、現に経済的に困窮し、最低限度の生活を維持することがで
きなくなるおそれのある者」（生活困窮者自立支援法第３条）と定義される。
このような者に対して自立の促進を図ることを目的に2015（平成27）年に
制定されたのが生活困窮者自立支援法である。その基本理念は①生活困窮
者の尊厳の保持を図りつつ、生活困窮者の就労の状況、心身の状況、地域
社会からの孤立の状況その他の状況に応じて、包括的かつ早期に行われな
ければならない（同法第２条第１項）、②地域における福祉、就労、教育、
住宅その他の生活困窮者に対する支援に関する業務を行う関係機関及び民

表4-6　生活困窮者への自立支援事業

事業	概要
生活困窮者自立相談支援事業	① 相談に応じた情報提供・助言、関係機関との連絡調整 ② 認定生活困窮者就労訓練事業の利用あっせん ③ 支援計画の作成、その他
生活困窮者住居確保給付金	・ 経済的に困窮して住居の確保が難しくなった者が、就職しやすくなるために住居を確保する必要がある場合の給付金
生活困窮者就労準備支援事業	・ 雇用による就業が著しく困難な者に対し、就労に必要な知識及び能力の向上のために必要な訓練
生活困窮者家計改善支援事業	・ 家計状況の適切な把握と家計の改善意欲を高めることを支援し、生活に必要な資金の貸付けをあっせん
生活困窮者一時生活支援事業	① 一定の住居を持たない者に対し、一定期間、宿泊場所の供与、食事の提供その他当該宿泊場所において日常生活を営むのに必要な便宜を提供 ② 上記の事業の利用者、地域社会から孤立している者に対し、一定期間、訪問による必要な情報提供及び助言その他の日常生活を営むのに必要な便宜を提供
子どもの学習・生活支援事業	① 学習の援助 ② 子どもと保護者に対し、子どもの生活習慣及び育成環境の改善に関する助言 ③ 子どもと保護者からの進路選択やその他の教育、就労に関する相談に応じ、必要な情報提供と助言、関係機関との連絡調整

〔資料：生活困窮者自立支援法を基に筆者作成。〕

間団体との緊密な連携その他必要な支援体制の整備に配慮して行われなければならない（同法第2条第2項）となっている。支援内容は必須事業として生活困窮者自立相談支援事業、生活困窮者住居確保給付金がある。さらに任意事業として生活困窮者就労準備支援事業、生活困窮者家計改善支援事業、生活困窮者一時生活支援事業、子どもの学習・生活支援事業がある（表4-6）。

注

1　保険原理とは大数の法則、給付・反対給付均等の原則、収支相等の原則に基づいて運営される考え方である。保険料を納付することによって受給権が発生す

る点が特徴である。

2　健康保険では仕事による病気やケガについては対応せず、労働者災害補償保険による給付を受けることとなる。また故意に自分で自身を傷つけたり、違法行為によるケガ等も医療保険は原則対応しない。

3　ラウントリーは第 2 次貧困を「その総収入の一部が、他の費途——有用無用を問わず——に転用されない限り、単なる肉体的能率を保持するために十分な家庭」と定義している。

引用・参考文献

1 ）阿部彩（2006）「相対的剥奪の実態と分析：日本のマイクロデータを用いた実証研究」『社会政策学会誌』16 号：251 - 275

2 ）川村匡由（2018）『福祉ライブラリ　社会保障』建帛社

3 ）一般財団法人厚生労働統計協会（2018）『国民の福祉の動向　2018/2019』一般財団法人厚生労働統計協会

4 ）志賀信夫（2016）『貧困理論の再検討：相対的貧困から社会的排除へ』法律文化社

5 ）週刊社会保障編集部編（2019）『平成31年版　社会保障便利事典』法研

6 ）武川正吾（2011）『福祉社会：包摂の社会政策』有斐閣

7 ）福原宏幸編（2007）『シリーズ・新しい社会政策の課題と挑戦　第 1 巻　社会的排除/包摂と社会政策』11 - 39、法律文化社

8 ）『生活保護手帳　別冊問答集　2018年度版』中央法規出版（2018）

9 ）B. Seebohm Rowntree（1922）Poverty A Study of Town Life. London: Green & Co.（長沼弘毅訳（1960）『貧乏研究』ダイヤモンド社）

第5章　児童・家庭の福祉

第1節　子ども家庭福祉の展開

1）わが国の子ども家庭福祉の歩み

　日本における子ども家庭福祉の始まりをたどると、593年に聖徳太子が建立したと伝えられる四天王寺四箇院まで遡ることができる。四箇院とは悲田院、敬田院、施薬院、療病院を合わせたものであるが、「貧窮孤独単己無頼者」（日下、2004、53）を収容した悲田院は、孤児や棄児、貧困者を救済するために建てられた施設であった。子どもに対する親の思いは今も昔も変わりはないが、一方で、古代において子どもは、人口問題や食糧問題、貧困問題の解決のために堕胎や間引き、口減らしなどの嬰児殺しや人身売買などが行われ、社会を安定させる手段としても使われていた。

　鎌倉時代から室町時代における中世封建社会の下では、厳しい身分制度により地位や職業が決められ、「下の者が上の者に従う」といった忠孝思想に支配されていた。この時代の子どもたちは、労働力として扱われたり、血統存続を目的として大事にされるなど、親に隷属する存在であった。この時代においても生活が困窮すると、堕胎、間引き、子捨てなどが後を絶たなかった。この頃の慈善救済事業としては、仏僧の叡尊、忍性、重源らの活躍がある。とくに、叡尊は非人の救済にあたり、その弟子である忍性はハンセン病者の救済活動や鎌倉の極楽寺に施薬院、悲田院を設け、病者や棄て子の保護・救済に尽力した。

　江戸時代になると、幕府と藩の支配体制がしかれ、民衆は二重の搾取を受け苦しんだ。また1732（享保17）年、1783年～1787（天明3～7）年に大飢饉が各地で起こり、1772（明和9）年江戸の大火など、多くの天災に見舞われ、民衆の生活はさらに困窮した。このため、多数の児童が堕胎・

間引き・棄児・身売りされるという事態が続いた（日下、2004、54）。幕府は1690（元禄3）年に「捨て子禁止令」や1767（明和4）年には「間引き禁止令」を発するが、現実には効果は薄かった。

　その後、幕藩体制が崩壊し、明治維新を経て政府は近代国家に向けて殖産興業、富国強兵政策を推し進めた。これらの国策の下、1868年（明治元年）に「堕胎禁止令」、1871（明治4）年に棄児が15歳になるまで養育者に一定の米を支給する「棄児養育米給与方」、1872（明治5）年に「人身売買禁止令」が制定された。そして、1874（明治7）年に、わが国で初めての救貧制度である「恤救規則」が制定された。これは、基本的には血縁、地縁による助け合いを大前提とし、身寄りのない70歳以上の高齢者、13歳以下の子ども・病者・障害者など、援助者がおらず、かつ働くことのできない人（無告の窮民）に米価換算の現金を給付するというものだったが、対象者は非常に限定的であった。

　当時のこれらの法制度の目的は、国力としての兵力や労働力の確保という側面が強かった。このように公的な救済保護施策は十分とは言えなかったが、それを補うようにこの時代、宗教家や篤志家が中心となり、慈善救済事業が展開された。

　例えば、一時は1,200人に達する孤児たちを収容し保護を行った石井十次の「岡山孤児院」（現在の児童養護施設）や石井亮一によるわが国初めての知的障害児のための福祉施設「滝乃川学園」（現在の障害児入所施設）、非行・不良少年の保護と教化を目的とした感化事業の一環として留岡幸助が設立した「家庭学校」（現在の児童自立支援施設）などは、近代日本における代表的な慈善救済事業である。

2）子ども家庭福祉の理念

　1945（昭和20）年に日本はポツダム宣言を受諾し、敗戦を迎えた。そして、連合国総司令部（GHQ）の指導のもと日本国憲法の作成が行われ、1946（昭和21）年に日本国憲法が制定され、戦後の日本における社会福祉の始まりとなった。1947（昭和22）年に「児童福祉法」が制定され、児童に対する

基本的人権とそれに対する社会的責任が明記され、わが国の児童福祉は新たな一歩を踏み出すことになった。本法、第１条から第３条に規定されている総則には、憲法第25条の基本的人権としての生存権を根底にし、児童福祉の理念が記されている。その第１条第１項において「すべて国民は、児童が心身ともに健やかに生まれ、且つ、育成されるよう努めなければならない」とし、第２項では「すべて児童は、ひとしくその生活を保障され、愛護されなければならない」と定められている。第２条では「国及び地方公共団体は、児童の保護者とともに、児童を心身ともに健やかに育成する責任を負う」とし、児童福祉の基本的理念と国、地方公共団体の児童の福祉に対する責任を明示している。第３条では「前２条に規定するところは、児童の福祉を保障するための原理であり、この原理は、すべて児童に関する法令の施行にあたつて、常に尊重されなければならない」とし、前２条に規定されている原理を尊重し、児童に関するすべての法令の施行に際し、尊重されなければならないことが明記されている。この理念をさらに徹底するために示したものが1951（昭和26）年に制定された「児童憲章」である。その前文には「児童は、人として尊ばれる。児童は、社会の一員として重んぜられる。児童は、よい環境の中で育てられる」と規定されており、児童は「人」として、「社会」の中の一員として尊重しなければならないこと、そして社会全体が児童に対し「よい環境」のなかで育成を行っていかなければならないという責任があることが示されている。児童憲章は児童の幸福を図るための社会的規範のようなものであり、法的拘束力はなかったが、その後1989（平成元）年第44回国連総会において、児童の人権に関して世界で初めての国際的な条約である「児童の権利に関する条約（子どもの権利条約）」が採択され、日本は1994（平成６）年に批准した。この条約は、子どもを権利行使の主体としてとらえ、生存権、発達権、保護権、意見表明権など多くの権利を認めている。

３）子ども家庭福祉の意義

　児童の権利について歴史的に概観すると、「大人の所有物」として扱わ

れていた児童が、「児童福祉法」や「児童憲章」の制定、「児童の権利に関
する条約（子どもの権利条約）」の批准などを経て、ひとりの人間として
の確固たる権利を獲得してきたことになる。しかしながら、現代のめまぐ
るしい社会変化は児童を取り巻く環境を一変させ、新たな問題を露呈させ
ている。現代の子どもには時間、空間、仲間の「三間」がないといわれる
ように、自由で安全な環境と、活動的に遊べる時間、そして人と人とのつ
ながりを失いつつある。日々報道される児童虐待、いじめ、子どもを巻き
込んだ事件や事故、少年犯罪などは、現代社会が抱える問題点を浮き彫り
にしている。また、これらの問題の解決を図るためには、単に児童のみに
焦点を当てるのではなく、その家庭、さらには社会全体の問題として、視
野を広げて理解していく必要がある。

　福祉の考え方が従来の保護的な福祉である「Welfare」から主体性をもっ
た福祉である「Well-being」へと変化を遂げたように、児童の福祉に関す
る分野でも児童の支援に主眼を置いた、かつての「児童福祉」から子ども
とその家族も含めた「子ども家庭福祉」という新たな理念が生まれた。

　このことは、現代の子どもや家庭が抱える問題について、人と環境との
交互作用に焦点を当て、取り組んでいく必要性があることをより明確にし
ている。

第2節　児童福祉法と子ども家庭福祉の仕組み

1）子ども家庭福祉の法体系

⑴　児童福祉法の制定

　敗戦を迎えた直後の日本の社会は混乱と窮乏を極め、それは児童に対し
ても暗く厳しい現実を突きつけることになった。生活水準の低下による保
健衛生状態の悪化、急激な社会環境の変化による児童の不良化や都市にあ
ふれる浮浪児対策など、早急に解決しなければならない問題が山積してい
た。このような情勢を鑑み、政府は児童保護法案要綱を作成し、厚生大臣

の諮問機関である中央社会事業委員会に諮問した。政府案では「保護を要する児童」のみを対象にしていたことから、対象はすべての児童にすべきだとし、さらに児童保護法ではなく児童福祉法ともいうべきものにすべきであると答申した。これを受けて政府は法案を練り直し、1947（昭和22）年8月に新憲法下の第1回特別国会にこれを提出し、12月に公布、翌年の1月に一部施行、4月から全面施行となった。この法律は、これまでの要保護児童の保護対策という考えから、「すべての児童」を対象として積極的に健全育成や福祉の増進を目指す体制を確立したことが大きな特徴である。

　児童福祉法は、第1条、2条において「児童の福祉を保障するための原理」、第3条には「この原理は、すべて児童に関する法令の施行にあたって、常に尊重されなければならない」と規定されており、児童を満18歳に満たないものと定義している。

　子ども家庭福祉に関する法律として、中心となっているのが児童福祉法、児童扶養手当法、特別児童扶養手当等の支給に関する法律、母子及び父子並びに寡婦福祉法、母子保健法、児童手当法からなるいわゆる児童福祉六法である。その他にも、児童虐待の防止等に関する法律（児童虐待防止法）や児童買春、児童ポルノに係る行為等の規制及び処罰並びに児童の保護等に関する法律（児童買春・児童ポルノ禁止法）、配偶者からの暴力の防止及び被害者の保護等に関する法律（DV防止法）等がある。

(2)　児童福祉法の改正：1997（平成9）年

　児童福祉法制定50年に当たる1997（平成9）年6月に「児童福祉法等の一部を改正する法律」が成立し、1998（平成10）年4月に施行された。改正法では今日の少子高齢化社会や子育ての環境の変化などに対応するために、①保育施策、②要保護児童施策、③母子家庭施策の3つを柱としている。

　まず、保育施策では、保育所の利用方式を措置制度から利用者が希望する保育所を選択して契約する選択利用方式へ、保育料についても各自の支払い能力に応じて費用を負担する応能負担方式から、受けた保育サービス

量の程度に応じて負担する応益負担と応能負担の混合方式へと見直しが行われた[注1]。また、保育所は地域住民からの子育てに関する相談、助言を行っていくことを努力義務として法定化された。

　要保護児童施策では、これまでの「保護救済」という観点から「自立支援」という観点が導入され、これにともない一部の児童福祉施設の機能や名称が改められた。さらに、児童虐待の増加が深刻な社会問題として顕在化するようになり、問題の早期発見、早期対応を図ることの重要性が高まった。そのため、児童相談所と連携をとりながら、地域の児童の福祉に関する諸般の問題に専門的知識・技術をもって応じる「児童家庭支援センター」を新たに創設し、児童養護施設などに附置されることになった。

　母子家庭施策では、母子寮を母子家庭の自立の支援や雇用の促進を図るため、入所者の自立の促進のための生活の支援をその目的に加え、母子生活支援施設に改称された。

(3)　児童福祉法の改正：2001（平成13）年から2014（平成26）年まで

　1998（平成10）年以降の主な改正としては以下の通りである。まず、2001（平成13）年に保育士の国家資格化、次いで2003（平成15）年には次世代育成支援対策推進法制定にともない、仕事と家庭の両立支援推進のために、地方公共団体及び事業主にそのための行動計画の策定を義務づけ、子育て支援の強化が図られた。2005（平成17）年には児童相談に関する体制の充実、児童福祉施設、里親の権限の見直し、要保護児童の措置に関する司法関与の見直し等が行われた。また、これまで障害児支援は障害種別に施設をわけて実施してきたものを、2012（平成24）年から、重複障害に対応でき、身近な地域で支援が受けられるよう、障害児施設の一元化が図られた。

　具体的には、肢体不自由児通園施設、知的障害児通園施設、難聴幼児通園施設等の通所サービスを行う施設を児童発達支援センター、知的障害児施設、盲ろうあ児施設、肢体不自由児施設、重症心身障害児施設等の入所サービスを行う施設を障害児入所施設とし、通所・入所の利用形態の再編

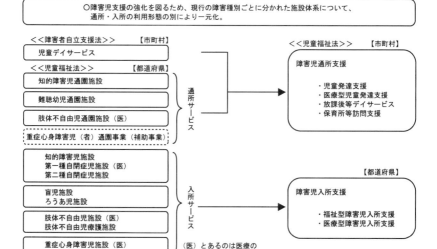

図5-1　児童福祉法改正による障害児施設・事業の一元化のイメージ

〔出典：厚生労働省HP「障害児支援の強化について」（一部改変）〕

が行われた（図5-1）。

　2014（平成26）年の改正では、障害児の定義に難病[注2]である児童が加えられ、小児慢性特定疾患対策が法定化され、公平かつ安定的な医療費助成制度が確立された。また、慢性疾患にかかっている児童などの健全な育成に資する調査・研究の推進のための基本的方針が定められ、小児慢性特定疾病対策の充実が図られた。

(4)　児童福祉法の改正：2016（平成28）年

　2016（平成28）年5月、「児童福祉法等の一部を改正する法律」が成立し、一部を除き2017（平成29）年4月より施行され、児童福祉法の大幅な改正がなされた。この改正では①「児童福祉法」の理念の明確化、②児童虐待の発生予防、③児童虐待発生時の迅速・的確な対応、④被虐待児の自立支援、などの4つが主なポイントである。

　特に、これまで変更がなされてこなかった理念規定が明確化され、子ど

表5-1　児童福祉法の総則の新旧対象条文

新	旧
第一条 全て児童は、児童の権利に関する条約の精神にのつとり、適切に養育されること、その生活を保障されること、愛され、保護されること、その心身の健やかな成長及び発達並びにその自立が図られることその他の福祉を等しく保障される権利を有する。	第一条 すべて国民は、児童が心身ともに健やかに生まれ、且つ、育成されるよう努めなければならない。 ② すべて児童は、ひとしくその生活を保障され、愛護されなければならない。
第二条 全て国民は児童が良好な環境において生まれ、かつ、社会のあらゆる分野において、児童の年齢及び発達の程度に応じて、その意見が尊重され、その最善の利益が優先して考慮され、心身ともに健やかに育成されるよう努めなければならない。 ② 児童の保護者は、児童を心身ともに健やかに育成することについて第一義的責任を負う。 ③ 国及び地方公共団体は、児童の保護者とともに、児童を心身ともに健やかに育成する責任を負う。	第二条 国及び地方公共団体は、児童の保護者とともに、児童を心身ともに健やかに育成する責任を負う。
第三条 前二条に規定するところは、児童の福祉を保障するための原理であり、この原理は、すべて児童に関する法令の施行にあたつて、常に尊重されなければならない。 第三条の二 国及び地方公共団体は、児童が家庭において心身ともに健やかに養育されるよう、児童の保護者を支援しなければならない。ただし、児童及びその保護者の心身の状況、これらの者の置かれている環境その他の状況を勘案し、児童 を家庭において養育することが困難であり又は適当でない場合にあつては児童が家庭における養育環境と同様の養育環境において継続的に養育されるよう、児童を家庭及び当該養育環境において養育することが適当でない場合にあつては児童ができる限り良好な家庭的環境において養育されるよう、必要な措置を講じなければならない。	第三条 前二条に規定するところは、児童の福祉を保障するための原理であり、この原理は、すべて児童に関する法令の施行にあたつて、常に尊重されなければならない。 （新設）

もの権利を強調したものとなっている点は注目すべきである。具体的には、1条から3条において児童が適切な養育を受け、成長、発達、自立などを保障される権利を有していることや、児童を中心に位置付けて、国民、保護者、国、地方公共団体はそれを支えるという構造でその福祉が保障され

ることを明らかにしている。また、社会的養護を必要とする児童の約9割が児童養護施設などの施設へ措置されている現状から、里親やファミリーホーム（小規模住居型養育事業）など、より家庭に近い養育環境への推進を図るために、これらについて国、地方公共団体（都道府県、市町村）にその責務があることが明記された。

児童虐待の発生予防では、市町村に対して妊娠期から子育て期まで切れ目ない支援を行う子育て世代包括支援センター（法律上の名称：母子健康包括支援センター）設置の努力義務（母子保健法）や支援が必要な妊婦を把握した医療機関や学校などは、そのことを市町村に情報提供するよう努めることが規定された。

また、児童虐待への早期対応については、市町村にその支援を行うための拠点の整備、市町村が設置する要保護児童対策地域協議会の調整機関に児童福祉司、保健師、保育士などの専門職の配置を義務づけ、さらに研修を課すことも義務づけられ、児童虐待の発生予防、早期対応に対する市町村の役割が一層高められた。

2）子ども家庭福祉の関係機関

(1) 児童福祉審議会

児童福祉法に基づき、都道府県（政令指定都市・中核市含む）に設置が義務づけられている。ただし、都道府県が社会福祉法に基づき設置している地方社会福祉審議会に児童福祉に関する事項を調査審議させる場合、設置義務はない。市町村においては任意で設置することができる。児童福祉審議会は、児童、妊産婦、および知的障害者の福祉に関する事項を調査審議するために設置されており、これらの福祉に関する都道府県知事、政令指定都市の長、市町村長の諮問に答え、関係行政機関に意見の具申をする権限を有している。委員は20人以内で組織され、児童や知的障害者の福祉に関する事業に従事する者や学識経験のある者のうちから都道府県知事または市町村長がそれぞれ任命することになっている。

(2)　児童相談所

　児童福祉法に基づき、都道府県および政令指定都市に設置が義務づけられている行政機関である。なお、中核市や特別区にも設置することができる。具体的な業務は大きく分けて相談、判定、指導、措置、一時保護の5つに分けられる。相談では、養護相談、保健相談、障害相談、非行相談、育成相談など、専門的知識や技術を必要とする各種相談に応じている。診断では児童福祉司や相談員などにより行われる社会診断、児童心理司による心理診断、医師による医学診断、一時保護部門の児童指導員、保育士などによる行動診断、その他の診断（理学療法士などによるものなど）をもとに、原則としてこれらの者の協議により判定（総合判定）を行い、個々の児童の処遇指針を決定する。そして、この決定に基づき、在宅指導や一時保護、児童福祉施設への入所や里親委託などの措置を講じている。

　児童相談所では専門職者として児童福祉司、児童心理司、医師、保健師などが配置されている。また、2016年の児童福祉法改正により、法律に関する専門的な知識経験を必要とするものを適切かつ円滑に行うことができるよう、弁護士（またはこれに準ずる措置）の配置が規定された。

(3)　福祉事務所

　社会福祉法に基づき、都道府県、市、特別区、および一部の町村に設けられている社会福祉行政の現業機関であり、福祉六法に関する業務を行っている。子ども家庭福祉分野では、福祉事務所内に家庭児童相談室が設置されており、児童の養育に関する諸問題や、家庭での人間関係についての問題などの相談に応じている。また、これらの相談業務には専門的技術者として、社会福祉主事や家庭相談員などを置いている。

(4)　保健所・市町村保健センター

　地域保健法に基づき、都道府県、政令指定都市、中核市、その他の政令で定める市または特別区等に設置することになっており、地域における公衆衛生の向上と増進を図っている。子ども家庭福祉分野では妊産婦や新生

児（未熟児）の訪問指導や身体障害児についての診査、相談、療育指導などを行っている。医師、薬剤師、保健師、管理栄養士、精神保健福祉相談員などが配置されている。また、保健所よりも地域住民に身近なものとして市町村保健センターがある。ここでは、妊産婦や乳幼児の健康診査、健康相談、保健指導、その他地域保健に関して必要な事業が実施されており、保健師、看護師、栄養士などが配置されている。

(5)　児童委員・主任児童委員

　児童委員は児童福祉法に基づき、都道府県知事の推薦を受けて、厚生労働大臣から委嘱された無給の民間ボランティアである。各市町村の区域に置かれており、民生委員法による民生委員が児童委員に充てられている。その職務は、児童および妊産婦について、常にその生活や環境の状態を把握し、必要であれば援助や指導を行い、児童福祉司や福祉事務所の社会福祉主事が行う職務についても協力することとされている。また、児童委員の中から選ばれ、区域を担当せず、児童委員と児童の福祉に関する機関との連携調整や児童委員の活動に対して援助および協力を行う者として主任児童委員がいる。

3）児童福祉施設

　児童福祉法に規定されている児童福祉施設は以下の通りである。

表5-2　児童福祉施設の種別一覧

施設種別	児童福祉法の規定条文	対象・目的	利用形態
助産施設	第36条	経済的な理由により、産婦人科などで入院助産を受けることが難しい妊産婦が助産を受ける施設（総合病院などに設置）	入所
乳児院	第37条	家庭で生活することが難しい乳児（必要がある場合には小学校就学前までの幼児を含む）を支援する施設	入所
母子生活支援施設	第38条	DV被害や経済的理由などにより、配偶者（夫ないし妻、ここでは夫）がいない女性とその子どもを支援する施設	入所
保育所	第39条	保護者の仕事や病気などにより、日中育児が難しい乳幼児を保育する施設	通所
幼保連携型認定こども園	第39条の2	幼稚園と保育所両方の機能を兼ね備えた施設	通所
児童厚生施設	第40条	遊びの場を提供し、子どもが心身ともに豊かに成長することを支援する施設（児童遊園、児童館）	利用
児童養護施設	第41条	虐待や保護者がいないなど、家庭で生活できない18歳までの子どもを支援する施設（必要がある場合22歳になる年度末まで延長可能）	入所
障害児入所施設	第42条	家庭で生活することが難しい障害のある子どもを支援する施設	入所
児童発達支援センター	第43条	障害のある子どもを支援する施設	通所
児童心理治療施設	第43条の2	社会生活への適応が困難となった子どもを支援する施設	入所通所
児童自立支援施設	第44条	不良行為を行う、または行うおそれのある場合など生活指導が必要な子どもを支援する施設	入所通所
児童家庭支援センター	第44条の2	地域における子育てなど子どもの福祉に関する相談援助を行う施設	利用

〔出典：杉山 宗尚（2017）『図解で学ぶ保育　社会福祉』直島 正樹・原田 旬哉編、萌文書林、p.61（一部改変）〕

4）子ども家庭福祉の実際

⑴　養護に欠ける児童のための福祉

　養護に欠ける児童とは、保護者がいないか、保護者がいても虐待、放任などの理由によって必要な監護を受けることができないなど福祉が阻害さ

れている児童のことをいう。児童福祉法第25条では、これらの要保護児童を発見した者は、福祉事務所や児童相談所（ただし、罪を犯した満14歳以上の児童については家庭裁判所）に通告しなければならないと規定している。

　養護に欠ける児童については、家庭における養育が困難な場合、家庭に代わる環境を与え健全育成を図り、その自立支援を行うことが重要である。児童相談所はこれらの児童に対し、里親委託や児童養護施設、乳児院といった児童福祉施設への入所措置等を行っている。

　2016（平成28）年の児童福祉法改正で、実親による養育が困難である場合は、里親や特別養子縁組などで養育されるよう、家庭養育優先の原則が規定された。この理念を具現化するために2017（平成29）年、厚生労働省において「新しい社会的養育ビジョン（以下：ビジョン）」がまとめられた。この中では、施設入所の短期化及び縮小についてや、乳幼児の家庭養育原則を徹底するために、里親委託や特別養子縁組について年限を明確にした取り組み目標が掲げられ、そのための工程が示されている。

　今後、各都道府県はこのビジョンに掲げられた内容を計画的かつ速やかに進められるよう、既存の計画を全面的に見直し、2019年度末までに都道府県社会的養育推進計画を策定することになっている。

(2)　障害児のための福祉

　障害児とは、児童福祉法によると「身体に障害のある児童、知的障害のある児童、精神に障害のある児童（発達障害者支援法（中略）第二条第二項に規定する発達障害児を含む。）又は治療方法が確立していない疾病その他の特殊の疾病であつて障害者の日常生活及び社会生活を総合的に支援するための法律（中略）第四条第一項の政令で定めるものによる障害の程度が同項の厚生労働大臣が定める程度である児童をいう」と規定されている。障害のある児童は、日常生活や社会生活において制約があったり、社会参加の機会を制限されやすい状況にあり、ノーマライゼーション社会の実現のためには、今後さらなる支援体制の強化と展開を図る必要がある。

　障害児の福祉対策にはまず早期発見と発生予防が挙げられる。都道府県、市町村は妊産婦と乳幼児の健康診査、先天性代謝異常症、先天性甲状腺機能低下症（クレチン症）などに対する早期発見のための新生児マススクリーニング検査が実施されており、発見されれば小児慢性特定疾患治療研究事業により18歳になるまで（引き続き治療が必要であると認められる場合は、20歳になるまで）医療費が補助されるなど、早期支援につなげている。

　在宅での障害児の生活支援では障害者総合支援法に基づき、自宅で入浴、排泄、食事介護等を行う居宅介護（ホームヘルプ）、介護者の病気などの場合に短期間入所し、施設で入浴、排泄、食事の介護等を行う短期入所（ショートステイ）などのサービスが提供されている。

(3)　非行児童のための福祉

　非行少年には、14歳以上で罪を犯した犯罪少年、14歳未満で刑罰法令に触れる行為をした触法少年、その性格または環境に照らして、将来刑罰法令に触れるおそれのある虞犯少年がある。非行少年の措置としては、比較的低年齢の者や家庭環境に非行の主な原因がある者に対しては、児童福祉法上の措置がとられる。家庭環境に非行の主な原因がある場合は、児童相談所による判定に基づき、「児童または保護者の訓戒や誓約書の提出」「児童福祉司、社会福祉主事、児童委員などの指導」「里親委託や児童自立支援施設などへの入所」「家庭裁判所への送致」などの措置がとられる。

　また、14歳以上で罪を犯した少年は、家庭裁判所の調査・審判に付される。家庭裁判所の決定には「不処分」の他に、「保護処分」としての保護観察や少年院への送致、児童自立支援施設等への送致などがある。

5）ひとり親家庭のための福祉

　近年の離婚率の増加により、母子家庭、父子家庭などのひとり親家庭が増えている。一般に母子家庭は、経済的、社会的、精神的に不安定な状態におかれがちであり、相談援助や経済的支援など、さまざまな配慮が必要である。そこで、母子家庭の生活の安定と向上のために従来から母子及び

寡婦福祉法に基づいて支援がなされてきたが、2002（平成14）年の法改正
により父子家庭についても支援の対象として含まれ、ひとり親家庭として
の福祉施策が推進されてきている。なお、こうした父子家庭に対する支援
の拡充がなされてきていることから、2014（平成26）年の法改正で、「母
子及び父子並びに寡婦福祉法」と改称された。

(1) ひとり親家庭への相談支援

　福祉事務所に母子・父子自立支援員が配置され、ひとり親家庭および寡
婦の生活上の問題や、子どもに関する事柄についての相談・助言などを行っ
ている。

(2) ひとり親家庭への経済的支援

　ひとり親家庭の経済的自立と生活意欲の助長を図ることを目的として、
母子父子寡婦福祉資金の貸付制度がある。資金の貸し付けには、子どもが
就学する際の就学支度資金や住宅資金、生活資金など12種類の資金が設け
られている。また、その他の経済的支援には児童扶養手当や遺族年金など
の制度がある。

　ひとり親家庭に関するその他の福祉施策は、就学や病気などで育児が一
時的にできなくなった際、家庭生活支援員を派遣して食事や身の回りの世
話、保育などを行ってくれるサービス（ひとり親家庭等日常生活支援事業）
や母子家庭等就業・自立支援センターにおいて、就業や生活に関する相談
や弁護士などの専門家による養育費に関する相談なども実施されている。

第3節　これからの子ども家庭福祉

1）少子化対策

　急速な少子高齢化社会の進行の中で、社会構造が変化し、日本はこれま
で経験したことがない世界に足を踏み入れようとしている。このことは、

わが国の合計特殊出生率の数値からも窺い知ることができる。第2次ベビーブームが起きた1970年代前半には合計特殊出生率が2.1程度あったが、以降低下が続き、2018（平成30）年は1.42となっている。人口を維持するのに必要な人口置換水準が2.07程度と言われているので、人口の減少が続いている。この少子化の要因として挙げられるのが、晩婚化と未婚化である。日本では結婚と出産は深く結び付いているため、結婚時期の遅れが出生率に影響していると考えられる。また、共働きで子どもをもたない夫婦（DINKS注3）も増えていることも少子化の要因の一つとして挙げられる。

　これら、少子化社会の進展に対する対策として、1994（平成6）年に「エンゼルプラン」が策定された。その中には、子育てと仕事の両立支援の推進、家庭における子育ての支援などが基本的方向として示されている。その後、1999（平成11）年に見直しが行われ、「新エンゼルプラン」が策定された。さらに、2002（平成14）年に厚生労働省が「少子化対策プラスワン－少子化対策の一層の充実に関する提案」を策定し、「子育てと仕事の両立支援」が中心であった従前の対策に加え、「男性を含めた働き方の見直し」「地域における子育て支援」「社会保障における次世代支援」「子どもの社会性の向上や自立の促進」など4つの柱に沿った対策を総合的かつ計画的に推進することとなった。そして、翌年の2003（平成15）年に「次世代育成支援対策推進法」と「少子化社会対策基本法」が成立した。

　「次世代育成支援対策推進法」では国や地方公共団体、さらに企業においても少子化対策についての役割が示されている。また、次世代育成支援の取り組みを促進させるために、国が策定する行動計画策定指針に基づいて都道府県と市町村、従業員101人以上の企業には、次世代育成支援対策のための具体的な行動内容を示した、行動計画の策定を義務づけている。

　「少子化社会対策基本法」は、急速な少子化の進展が、21世紀の国民生活に深刻かつ多大な影響をもたらすものであり、現在の少子化に的確に対処するための施策を総合的に推進することを目的としている。この法律に基づき、内閣府に少子化社会対策会議が設置され、少子化社会対策大綱案の作成、少子化社会対策について関係行政機関相互の調整や少子化社会対

1989年（平成元）年

1.57ショック
合計特殊出生率が過去最低を記録
子どもを産み育てやすい環境づくりに
向けての対策を検討

1994（平成6）年

エンゼルプラン
保育サービスや育児休業制度の充実

1999（平成11）年

新エンゼルプラン
子育て支援サービスの充実

2003（平成15）年

次世代育成支援対策推進法

少子化社会対策基本法

「雇用環境の整備」
「保育サービス等の充実」など

2004（平成16）年

子ども・子育て応援プラン

2007（平成19）年

「子どもと家族を応援する日本」
重点戦略
働き方の見直しによる仕事と生活の調和
（ワーク・ライフ・バランス）の実現

2010（平成22）年

少子化社会対策大綱
（子ども・子育てビジョン）

2012（平成24）年

子ども・子育て関連3法

2013（平成25）年

待機児童解消加速化プラン
2017（平成29）年度末までに約40万
人分の保育の受け皿の確保を目標

少子化危機突破のための緊急対策
「子育て支援」と「働き方改革」をより
いっそう強化＋「結婚・妊娠・出産支援」
→ "3本の矢" として切れ目のない支援へ

2014（平成26）年

放課後子ども総合プラン
「小1の壁」打破のため、放課後児童
クラブや放課後子供教室を整備

2015（平成27）年

子ども・子育て支援新制度の施行

2012年に成立した子ども・子育て
関連3法にもとづく新制度

2016（平成28）年

ニッポン一億総活躍プラン
「希望出生率＊1.8」の実現に向け、若者
の雇用安定・待遇改善、多様な保育サービ
スの充実、働き方改革の推進など
＊結婚して出産をしたいすべての人が、希望する
　人数の子どもを産んだ場合の出生率

2017（平成29）年

子育て安心プラン
女性就業率80%にも対応できる、約32万
人分の保育の受け皿を整備

図5-2　これまでの少子化対策の取り組み

〔出典：松島　京（2019）『図解で学ぶ保育　子ども家庭福祉』直島 正樹・河野 清志編、萌文書林、
p.113（一部改変）〕

策に関する重要事項の審議、少子化に対処するための施策の実施の推進な
どが行われている。

　その他の近年の取り組みでは、2015（平成27）年度より実施されている
子ども・子育て支援新制度がある。これは子どもの教育・保育・子育て支
援を総合的に進めるもので「量」と「質」の両面から子育てを社会全体で
支え、仕事と子育ての両面を支援することを目的として実施されている。

さらに、2019（令和元）年５月、子ども・子育て支援法の一部を改正する法律が成立し、10月より幼稚園、保育所、認定こども園などを利用する３歳から５歳児クラスの子ども、住民税非課税世帯の０歳から２歳児クラスまでの子どもの利用料が無料になるなど、子育て家庭へのより積極的支援が図られてきている。

２）児童虐待への対応

　児童虐待は子どもの心身の発達や人格の形成に悪影響を及ぼすばかりか、虐待経験が原因でPTSD（心的外傷後ストレス障害）に悩まされるなど、その後の人生に深刻な問題を引き起こす危険性がある。これらの児童虐待問題に取り組むために、2000（平成12）年に児童虐待の防止等に関する法律（児童虐待防止法）が施行されているが、児童虐待の増加には歯止めがかかっていない。具体的な児童虐待防止策として、子育て中の親子が相談交流できる地域の子育て支援拠点の整備を行い、子育て不安の軽減や地域からの孤立化の解消を図ったり、１歳６ヵ月児・３歳児健康診査において育児不安などに対する心理相談の実施、産後間もない時期や様々な原因で養育が困難になっている家庭に対して積極的に保健師、助産師、子育て経験者などが訪問し、育児・家庭訪問援助や具体的な育児に関する技術的支援を行う養育支援訪問事業等を実施している。また、生後４ヵ月までの乳児がいるすべての家庭を訪問する「乳児家庭全戸訪問事業（こんにちは赤ちゃん事業）」もあり、子育て相談や子育てに関する社会資源の提供、個々に応じた支援も行われている。

　その他にも、フィンランドのネウボラを参考モデルにして、妊娠期から子育て期までのさまざまな相談やニーズに対して、切れ目なく総合的に対応できるワンストップ拠点として、子育て世代包括支援センターを全国的に整備していくことが計画されており、子育て家庭全体に対する予防的なアプローチ（ポピュレーションアプローチ）と児童虐待などのリスクの高い家庭に対する積極的な介入を行うアプローチ（ハイリスクアプローチ）の両面での支援がなされてきている。

注

1　国の制度上は、応能負担から応益負担となったが、実際は世帯の所得の状況やそのほかの事情を考慮して国が定める水準を限度として、各自治体で補助が行われているため、本書では応益負担と応能負担の混合方式としている

2　治療方法が確立していない疾病その他の特殊の疾病であつて障害者の日常生活及び社会生活を総合的に支援するための法律第四条第一項の政令で定めるもの

3　double income, no kidsの略

引用・参考文献

1）大久保秀子（2009）『新・社会福祉とは何か』一橋出版社

2）岡本栄一・岡本民夫・高田真治編（2001）『新版社会福祉原論』ミネルヴァ書房

3）小川英彦（2007）『新版保育士をめざす人の養護原理』みらい

4）川池智子（2005）『児童家庭福祉論』学文社

5）日下知久編著（2004）『児童福祉総論』保育出版社

6）厚生児童家庭局編（1996）『児童福祉六法（平成9年版）』中央法規出版

7）杉本敏夫・小尾義則・宮川数君編（2007）『新・社会福祉学講義（第2版)』ふくろう出版

8）鈴木眞理子・大溝茂（2014）『第4版　児童や家庭に対する支援と児童・家庭福祉制度』久美

9）直島正樹・河野清志編（2019）『子ども家庭福祉』萌文書林

10）成清美治・吉弘淳一編著（2008）『新版児童福祉』学文社

第6章　高齢者の福祉

第1節　高齢者問題の背景

1）人口の高齢化と高齢社会の到来

　高齢者とは、一般的に65歳以上の者を指す。そして、65歳以上75歳未満の者を「前期高齢者」、75歳以上の者を「後期高齢者」という。

　わが国の高齢者人口は2018年10月1日現在、3,558万人となり、高齢化率（総人口に占める65歳以上の人口比率）は28.1％となった。高齢者の人口は、「団塊の世代（1947年から1949年の第1次ベビーブーム時代に生まれた世代）」が65歳以上となった2015年に3,347万人となり、「団塊の世代」が75歳以上となる2025年には3,677万人に達すると見込まれている。そして、「団塊の世代」が2025年に後期高齢者（75歳以上）に達する事により、介護費や医療費などの社会保障費の急増が懸念されていることを「2025年問題」という。

　わが国の総人口が減少過程に入る中で高齢者が増加することにより高齢化率は上昇を続け、2042年以降は高齢者人口が減少に転じても高齢化率は上昇を続け、2065年には38.4％に達して、国民の約2.6人に1人が高齢者となる社会が到来すると推計されている。総人口に占める75歳以上人口の割合は、2065年には25.5％となり、約3.9人に1人が75歳以上の者となると推計されている（図6−1）。

　高齢化の要因は、平均寿命の伸長と出生率の低下である。2018年の「簡易生命表」による平均寿命は、男性は81.25歳で、女性は87.32歳である。平均寿命とは、0歳児が平均であと何年生きられるのかという期待値である。ある年齢の人々があと何年生きられるかという期待値を平均余命という。つまり、0歳の平均余命が平均寿命である。平均寿命が伸長した背景

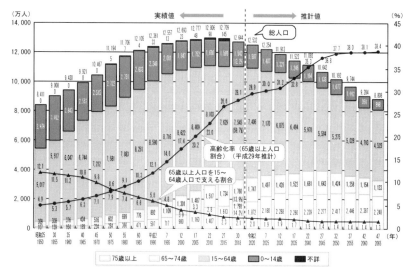

図6−1　高齢化の推移と将来推計

〔出典：内閣府（2019）『高齢社会白書（令和元年度版）』p4〕

資料：棒グラフと実線の高齢化率については、2015年までは総務省「国勢調査」、2018年は総務省「人口推計」（平成30年10月1日確定値）、2020年以降は国立社会保障・人口問題研究所「日本の将来推計人口（平成29年推計）」の出生中位・死亡中位仮定による推計結果。
（注1）2018年以降の年齢階級別人口は、総務省統計局「平成27年国勢調査　年齢・国籍不詳をあん分した人口（参考表）」による年齢不詳をあん分した人口に基づいて算出されていることから、年齢不詳は存在しない。なお、1950年〜2015年の高齢化率の算出には分母から年齢不詳を除いている。
（注2）年齢別の結果からは、沖縄県の昭和25年70歳以上の外国人136人（男55人、女81人）及び昭和30年70歳以上23,328人（男8,090人、女15,238人）を除いている。
（注3）将来人口推計とは、基準時点までに得られた人口学的データに基づき、それまでの傾向、趨勢を将来に向けて投影するものである。基準時点以降の構造的な変化等により、推計以降に得られる実績や新たな将来推計との間には乖離が生じうるものであり、将来推計人口はこのような実績等を踏まえて定期的に見直すこととしている。

　には、生活環境の改善、食生活・栄養状態の改善、医療技術の進歩や医療保険制度の整備などによって死亡率が低下したことがあげられる。

　出生率が低下した背景には、「未婚化・晩婚化の進展」、「仕事と子育てを両立できる環境整備の遅れ」、「子育てに対する負担感の増大」、「経済的不安定の増大」などがあげられる。

　出生率については、「合計特殊出生率（一人の女性が一生涯に生む平均的な子どもの数を指す）」が指標になる。「合計特殊出生率」は、第1次ベビーブーム（1947年〜1949年生まれ）の1949年は4.32であったが、その後急速に低下した。第2次ベビーブーム（1971年〜1974年生まれ）の時代は2.1台で推移し、1989年には1.57となった。丙午の1966年は1.58まで落ち込んだが、それを下回ったことから、この事態を「1.57ショック」と言われた。そして、

2005年には1.26と過去最低を記録したが、2017年は1.43となっている。

　わが国の「合計特殊出生率」は回復傾向にあるが、人口を維持するために必要な水準である「人口置換水準」の2.07には全く及ばない状況である。

2）高齢化の速度

　高齢化率が7％を超えた社会を「高齢化社会」といい、高齢化率が14％を超えた社会を「高齢社会」という。わが国は、1970年に「高齢化社会」となり、1994年に「高齢社会」となった。

　高齢化の速度は、高齢化率7％の高齢化社会の状態から高齢化率14％の高齢社会に至るまでの所要年数（倍加年数）によって比較すると、フランスが115年、スウェーデンが85年、アメリカが72年、英国が46年、ドイツが40年に対し、日本は、24年である。アジア諸国では、中国が24年、韓国が18年、シンガポールが20年と、今後、日本を上回る速度で高齢化が進むことが見込まれる国がある（図6−2）。

3）単身世帯の急増

　65歳以上の者がいる世帯は2017年現在、世帯数は2,378万7千世帯と、全世帯（5,042万5千世帯）の47.2％を占めている。

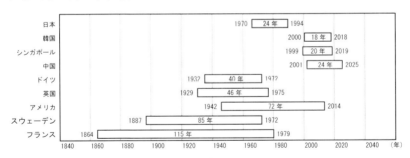

資料：国立社会保障・人口問題研究所「人口統計資料集」（2019年）
（注）1950年以前はUN. The Aging of Population and Its Economic and Social Implications（Population Studies, No.26, 1956）及びDemographic Yearbook. 1950年以降はUN. World Population Prospects: The 2017 Revision（中位推計）による。ただし、日本は総務省統計局「国勢調査」、「人口推計」による。1950年以前は既知年次のデータを基に補間推計したものによる。

図6−2　主要国における高齢化率が7％から14％へ要した期間
〔出典：内閣府（2019）『高齢社会白書（令和元年度版）』p8〕

1980年では世帯構造の中で「三世代世帯」の割合が最も多く、全体の半数を占めていたが、2017年では「夫婦のみの世帯」が最も多く約3割を占めている。つまり、「三世代世帯」は減少の一途を辿り、「単独世帯」と「夫婦のみの世帯」を合わせると半数を超える状況になっている（図6-3）。

　65歳以上の一人暮らしの者は男女ともに増加傾向にあり、1980年には男性約19万人、女性約69万人、65歳以上人口に占める割合は男性4.3％、女性11.2％であった。しかし、2015年には男性約192万人、女性約400万人、65歳以上人口に占める割合は男性13.3％、女性21.1％となった（図6-4）。

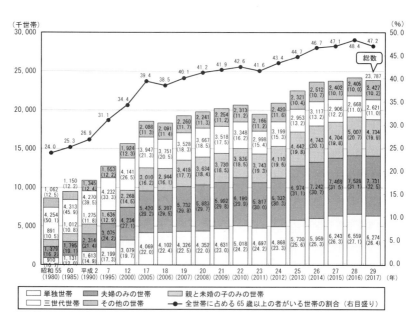

資料：昭和60年以前の数値は厚生省「厚生行政基礎調査」、昭和61年以降の数値は厚生労働省「国民生活基礎調査」による
(注1) 平成7年の数値は兵庫県を除いたもの、平成23年の数値は岩手県、宮城県及び福島県を除いたもの、平成24年の数値は福島県を除いたもの、平成28年の数値は熊本県を除いたものである。
(注2)（ ）内の数字は、65歳以上の者のいる世帯総数に占める割合（％）
(注3) 四捨五入のため合計は必ずしも一致しない。

図6-3　65歳以上の者のいる世帯数及び構成割合（世帯構造別）と全世帯に占める65歳以上の者がいる世帯の割合

〔出典：内閣府（2019）『高齢社会白書（令和元年度版）』p9〕

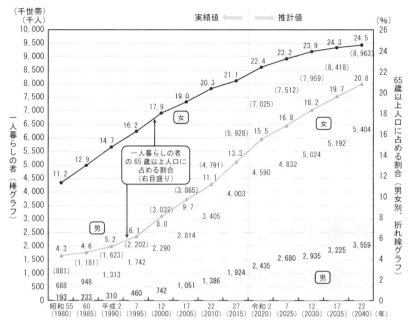

資料：平成27年までは総務省「国勢調査」による人数、令和2年以降は国立社会保障・人口問題研究所
　　　「日本の世帯数の将来推計（全国推計）2018（平成30）年推計」による世帯数
（注1）「一人暮らし」とは、上記の調査・推計における「単独世帯」又は「一般世帯（1人）」のことを指す。
（注2）棒グラフ上の（　）内は65歳以上の一人暮らしの者の男女計
（注3）四捨五入のため合計は必ずしも一致しない。

図6-4　65歳以上の一人暮らしの者の動向
〔出典：内閣府（2019）『高齢社会白書（令和元年度版）』p10〕

第2節　高齢者の保健福祉の法とサービス

1）老人福祉法

　一般的に高齢者とは65歳以上の者を指すが、加齢に伴う老化は個人差が大きいため、老人福祉法では、「老人」の定義を定めていない。

　老人福祉法は、「老人の福祉に関する原理を明らかにするとともに、老人に対し、その心身の健康の保持及び生活の安定のために必要な措置を講

じ、もつて老人の福祉を図ること」を目的（老人福祉法第1条）として、1963年に制定・施行された。老人福祉法は、高齢者に対する初めての単独法である。

老人福祉法には、2つの基本理念がある。1つ目は、「老人は、多年にわたり社会の進展に寄与してきた者として、かつ、豊富な知識と経験を有する者として敬愛されるとともに、生きがいを持てる健全で安らかな生活を保障されるものとする」（老人福祉法第2条）とされている。つまり、敬老の精神である。もう1つは、「老人は、老齢に伴つて生ずる心身の変化を自覚して、常に心身の健康を保持し、又は、その知識と経験を活用して、社会的活動に参加するように努めるものとする」（老人福祉法第3条第1項）とされている。また、「老人は、その希望と能力とに応じ、適当な仕事に従事する機会その他社会的活動に参加する機会を与えられるものとする」（老人福祉法第3条第2項）とされている。つまり、高齢者の社会参加を推進するものである。老人福祉法は高齢者への敬老精神や社会参加の促進などの根拠法である。

2000年4月に介護保険法が施行しても老人福祉法の措置制度は廃止されていない。高齢者がやむを得ない事由により介護保険制度の介護サービスの利用が著しく困難である場合は、老人福祉法による措置の対象になる。老人福祉法の措置権者は、65歳以上の者（65歳未満の者であつて特に必要があると認められるものを含む）が居住する市町村である。ただし、65歳以上の者等の居住地が明らかでない時は現在地の市町村が措置の実施者となる（老人福祉法第5条の4）。

(1) 老人医療費支給制度

先進的な自治体では、高齢者の医療費の自己負担分を公費で支出することにより受診しやすくしようという試みが行われていた。そこで、1973年には70歳以上（寝たきり等の場合は65歳以上）の高齢者を対象とする「老人医療費支給制度（老人医療費無料化）」が国の制度となった。

しかし、老人医療費の無料化により、高齢者の受療率が上昇し、老人医

療費の急増を招いた。その結果、高齢者の健康保持と適切な医療の確保のため、疾病の予防、治療、機能訓練などの保健事業を総合的に実施し、国民保健の向上及び老人福祉の増進を図ることを目的として、老人保健法が1982年に制定され、1983年に実施された。それに伴い、「老人医療費支給制度」は廃止された。

(2)　老人福祉施設

　老人福祉法には、在宅福祉事業（老人居宅生活支援事業）と老人福祉施設が規定されている。老人福祉法に規定されている老人居宅生活支援事業は6つある。それは、①老人居宅介護等事業、②老人デイサービス事業、③老人短期入所事業、④小規模多機能型居宅介護事業、⑤認知症対応型老人共同生活援助事業、⑥複合型サービス福祉事業がある。

　老人福祉法に規定されている老人福祉施設は7つある。それは、①老人デイサービスセンター、②老人短期入所施設、③老人介護支援センター、④養護老人ホーム、⑤特別養護老人ホーム、⑥軽費老人ホーム、⑦老人福祉センターである。

　有料老人ホームとは老人福祉法上、「老人を入居させ、入浴、排せつ若しくは食事の介護、食事の提供又はその他の日常生活上必要な便宜であつて厚生労働省令で定めるもの（中略）の供与（中略）をする事業を行う施設であつて、老人福祉施設、認知症対応型老人共同生活援助事業を行う住居その他厚生労働省令で定める施設でないもの」（老人福祉法第29条第1項）である。つまり、有料老人ホームは老人福祉法に規定されているが、老人福祉施設ではない。

　有料老人ホームには、①健康型有料老人ホーム、②介護付き有料老人ホーム、③住宅型有料老人ホームに大別できる。①健康型有料老人ホームとは、食事等のサービスは付いているが、身の回りのことは自立した高齢者を対象とした施設である。もし要介護状態になった場合は、契約を解除し退去することになる施設もある。②介護付有料老人ホームとは、食事、洗濯、清掃等の生活支援、排せつや入浴等の身体介護、機能訓練、レクリエー

ションなどのサービスが受けられ、介護保険制度上の「特定施設入居者生活介護」の指定を都道府県から受けている施設である。③住宅型有料老人ホームとは、施設の介護職員が介護サービスを提供することはなく、入居者が要介護状態となった場合は、訪問介護などの介護保険事業所と契約し、そこの介護職員による介護サービスを受けながら施設で生活することになる。住宅型有料老人ホームには、訪問介護事業所や、デイサービス、居宅介護支援事業所などが併設されているところもあり、入居者が介護サービスを受けやすいよう配慮されているところもある。

　なお、高齢者が安心して生活できる居住環境の整備を目指して、2001年に「高齢者の居住の安定確保に関する法律」（高齢者住まい法）が施行された。しかし、高齢世帯の急激な増加や、諸外国と比較して高齢者住宅が不足している状況などを背景に、2011年に全面改正された。この改正により「高齢者円滑入居賃貸住宅（高円賃）」「高齢者専用賃貸住宅（高専賃）」「高齢者向け優良賃貸住宅（高優賃）」が「サービス付き高齢者向け住宅」として一本化された。サービス付き高齢者向け住宅では、「状況把握サービス（安否確認）」と「生活相談サービス」が必須サービスとなっている。サービス付き高齢者向け住宅は、あくまでも住宅であり、施設ではない。

2）後期高齢者医療制度

　1982年に制定された老人保健法は、2006年に改正され、「高齢者の医療の確保に関する法律」（高齢者医療確保法）となった。

　高齢者医療確保法は、「国民の高齢期における適切な医療の確保を図るため、医療費の適正化を推進するための計画の作成及び保険者による健康診査等の実施に関する措置を講ずるとともに、高齢者の医療について、国民の共同連帯の理念等に基づき、前期高齢者に係る保険者間の費用負担の調整、後期高齢者に対する適切な医療の給付等を行うために必要な制度を設け、もつて国民保健の向上及び高齢者の福祉の増進を図ること」（高齢者医療確保法第1条）を目的としている。

　基本的理念として、「国民は、自助と連帯の精神に基づき、自ら加齢に

伴つて生ずる心身の変化を自覚して常に健康の保持増進に努めるとともに、高齢者の医療に要する費用を公平に負担するものとする」とし、「国民は、年齢、心身の状況等に応じ、職域若しくは地域又は家庭において、高齢期における健康の保持を図るための適切な保健サービスを受ける機会を与えられるものとする」(高齢者医療確保法第2条)と定められている。

　高齢者医療確保法を根拠法とする後期高齢者医療制度は、75歳以上の者及び65歳以上75歳未満で一定の障害の状態にあり、広域連合の認定を受けた者を被保険者としている。

　運営主体は都道府県単位ですべての市町村が加入する後期高齢者医療広域連合であり、保険料の決定や医療の給付を行う。後期高齢者医療制度の被保険者が受診した際の自己負担は、要した費用の1割(現役並み所得者は3割)である。

第3節　介護保険法および制度におけるサービス

1) 介護保険法の目的

　介護保険法は1997年12月に成立し、2000年4月1日に施行された。

　介護保険法は、「加齢に伴って生ずる心身の変化に起因する疾病等により要介護状態となり、入浴、排せつ、食事等の介護、機能訓練並びに看護及び療養上の管理その他の医療を要する者等について、これらの者が尊厳を保持し、その有する能力に応じ自立した日常生活を営むことができるよう、必要な保健医療サービス及び福祉サービスに係る給付を行うため、国民の共同連帯の理念に基づき介護保険制度を設け、その行う保険給付等に関して必要な事項を定め、もって国民の保健医療の向上及び福祉の増進を図ること」を目的としている(介護保険法第1条)。

2）介護保険制度の仕組み

⑴ 保険者と被保険者

　介護保険制度の保険者は、市町村及び特別区（東京23区）である。被保険者とは、65歳以上の者である第1号被保険者と40歳以上65歳未満の医療保険加入者である第2号被保険者である（表6－1）。

　介護保険制度からの給付は第1号被保険者は要介護状態または要支援状態にあると認定された場合、第2号被保険者は老化に起因する特定疾病（表6－2）に罹患し、要介護状態または要支援状態にあると認定された場合に行われる。

⑵ 利用料

　介護保険サービスを利用すると、利用者は原則1割の自己負担を行うが、2015年8月から、一定の所得のある者は2割負担になった。さらに2018年8月からは2割負担の利用者のうち、さらに所得の高い者は3割負担に

表6－1　介護保険制度における被保険者・受給権者等

	第1号被保険者	第2号被保険者
対象者	65歳以上の者	40歳以上65歳未満の医療保険加入者
受給権者	・要介護者（寝たきりや認知症で介護が必要な者） ・要支援者（要介護状態となるおそれがあり日常生活に支援が必要な者）	左のうち、初老期における認知症、脳血管疾患などの老化に起因する疾病（特定疾病）によるもの（表6－2）
保険料負担	所得段階別定額保険料 （低所得者の負担軽減）	・健保：標準報酬×介護保険料率 　　　　　（事業主負担あり） ・国保：所得割、均等割等に按分 　　　　　（国庫負担あり）
賦課・徴収方法	年金額一定以上は特別徴収 （年金天引）、それ以外は普通徴収	医療保険者が医療保険料とともに徴収し、納付金として一括して納付

〔出典：財団法人 厚生労働統計協会（2018）『国民の福祉と介護の動向 2018/2019』、p.150〕

表6−2　介護保険法施行令第2条で定める特定疾病

平成18（'06）年4月〜

①がん（医師が一般に認められている医学的知見に基づき回復の見込みがない状態に
　至ったと判断したものに限る）
②関節リウマチ
③筋萎縮性側索硬化症
④後縦靱帯骨化症
⑤骨折を伴う骨粗鬆症
⑥初老期における認知症
⑦進行性核上性麻痺、大脳皮質基底核変性症及びパーキンソン病
⑧脊髄小脳変性症
⑨脊柱管狭窄症
⑩早老症
⑪多系統萎縮症
⑫糖尿病性神経障害、糖尿病性腎症及び糖尿病性網膜症
⑬脳血管疾患
⑭閉塞性動脈硬化症
⑮慢性閉塞性肺疾患
⑯両側の膝関節又は股関節に著しい変形を伴う変形性関節症

注　介護保険法施行令2条による。
〔出典：財団法人 厚生労働統計協会（2018）『国民の福祉と介護の動向 2018/2019』、p.150〕

なった。また、施設サービス等を利用した場合、食費や居住費などが自己
負担となる。

(3)　介護保険料

　第1号被保険者の介護保険料は、原則として年金から天引きによる納付
（特別徴収）である。しかし、年金額が一定額（年18万円未満）に満たな
い場合は、納付書等による納付（普通徴収）である。第2号被保険者の介
護保険料は、それぞれが加入している医療保険の保険料と一括して納付す
ることになる。

(4)　財源

　介護保険財源は、公費と介護保険料で50％ずつ負担している。公費の負
担割合は国が25％、都道府県12.5％、市町村12.5％となっている（施設サー
ビス費等については、国20％、都道府県17.5％である）。

⑸　介護報酬

　介護サービス事業者が介護保険サービスを提供した際に事業者に支払われる報酬である。報酬額は、それぞれのサービス内容や提供時間等で設定されている。

3）要介護認定の手続き

　要介護認定とは、要介護状態または要支援状態にあるかどうか、及びその該当する要介護状態区分について、介護の必要量を全国一律の調査項目（74項目）に基づき、客観的に判定する仕組みである（図6－5）。

　要介護認定を受けたい被保険者は、市町村に申請する。申請は居宅介護支援事業者などに代行してもらうことができる。市町村は被保険者からの申請を受けて、訪問調査員が訪問し、被保険者の心身の状況等を調査する認定調査を行い、その調査結果をコンピュータ判定（一次判定）する。

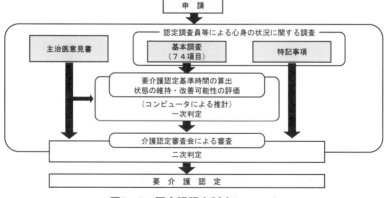

図6－5　要介護認定制度について

〔出典：厚生労働省「公的介護保険制度の現状と今後の役割（平成30年度）」〕

　介護認定審査会（二次判定）は、一次判定の結果、主治医意見書、訪問調査の特記事項の情報に基づいて、審査及び判定を行い、その結果を市町村に通知する。申請した被保険者には、申請のあった日から30日以内に通知しなければならない。要介護認定の結果（効力）は申請日にさかのぼって適用される。

　介護認定審査会は、保健、医療、福祉の学識経験者で構成される市町村の付属機関（合議体）である。

　認定結果には要介護1～5、要支援1または2、および非該当の区分がある。

4）介護保険制度における介護サービス

　介護保険制度で給付対象となる介護サービスの内容は表6－3、表6－4、表6－5の通りである。

表6-3　介護保険制度における居宅サービス等

サービスの種類	サービスの内容
訪問介護 （ホームヘルプサービス）	ホームヘルパーが要介護者の居宅を訪問して、入浴、排せつ、食事等の介護、調理・洗濯・掃除等の家事、生活等に関する相談、助言その他の必要な日常生活上の世話を行う
訪問入浴介護	入浴車等により居宅を訪問して浴槽を提供して入浴の介護を行う
訪問看護	病状が安定期にあり、訪問看護を要すると主治医等が認めた要介護者について、病院、診療所または訪問看護ステーションの看護師等が居宅を訪問して療養上の世話または必要な診療の補助を行う
訪問リハビリテーション	病状が安定期にあり、計画的な医学的管理の下におけるリハビリテーションを要すると主治医等が認めた要介護者等について、病院、診療所または介護老人保健施設の理学療法士または作業療法士が居宅を訪問して、心身の機能の維持回復を図り、日常生活の自立を助けるために必要なリハビリテーションを行う
居宅療養管理指導	病院、診療所または薬局の医師、歯科医師、薬剤師等が、通院が困難な要介護者について、居宅を訪問して、心身の状況や環境等を把握し、それらを踏まえて療養上の管埋および指導を行う

通所介護 （デイサービス）	老人デイサービスセンター等において、入浴、排せつ、食事等の介護、生活等に関する相談、助言、健康状態の確認その他の必要な日常生活の世話および機能訓練を行う
通所リハビリテーション （デイ・ケア）	病状が安定期にあり、計画的な医学的管理の下におけるリハビリテーションを要すると主治医等が認めた要介護者等について、介護老人保健施設、病院または診療所において、心身の機能の維持回復を図り、日常生活の自立を助けるために必要なリハビリテーションを行う
短期入所生活介護 （ショートステイ）	老人短期入所施設、特別養護老人ホーム等に短期間入所し、その施設で、入浴、排せつ、食事等の介護その他の日常生活上の世話および機能訓練を行う
短期入所療養介護 （ショートステイ）	病状が安定期にあり、ショートステイを必要としている要介護者等について、介護老人保健施設、介護療養型医療施設等に短期間入所し、その施設で、看護、医学的管理下における介護、機能訓練その他必要な医療や日常生活上の世話を行う
特定施設入居者生活介護 （有料老人ホーム）	有料老人ホーム、軽費老人ホーム等に入所している要介護者等について、その施設で、特定施設サービス計画に基づき、入浴、排せつ、食事等の介護、生活等に関する相談、助言等の日常生活上の世話、機能訓練および療養上の世話を行う
福祉用具貸与	在宅の要介護者等について福祉用具の貸与を行う
特定福祉用具販売	福祉用具のうち、入浴や排せつのための福祉用具その他の厚生労働大臣が定める福祉用具の販売を行う
居宅介護住宅改修費 （住宅改修）	手すりの取り付けその他の厚生労働大臣が定める種類の住宅改修費の支給
居宅介護支援	在宅の要介護者等が在宅介護サービスを適切に利用できるよう、その者の依頼を受けて、その心身の状況、環境、本人および家族の希望等を勘案し、利用するサービス等の種類、内容、担当者、本人の健康上・生活上の問題点、解決すべき課題、在宅サービスの目標およびその達成時期等を定めた計画（居宅サービス計画）を作成し、その計画に基づくサービス提供が確保されるよう、事業者等との連絡調整等の便宜の提供を行う。介護保険施設に入所が必要な場合は、施設への紹介等を行う

〔出典：財団法人 厚生労働統計協会（2018）『国民の福祉と介護の動向 2018/2019』、p.153〕

表6-4　介護保険制度における施設サービス

サービスの種類	サービスの内容
介護老人福祉施設	老人福祉施設である特別養護老人ホームのことで、寝たきりや認知症のために常時介護を必要とする人で、自宅での生活が困難な人に生活全般の介護を行う施設
介護老人保健施設	病状が安定期にあり入院治療の必要はないが、看護、介護、リハビリを必要とする要介護状態の高齢者を対象に、慢性期医療と機能訓練によって在宅への復帰を目指す施設
介護療養型医療施設	脳卒中や心臓病などの急性期の治療が終わり、病状が安定期にある要介護状態の高齢者のための長期療養施設であり、療養病床や老人性認知症疾患療養病棟が該当する
介護医療院	主として長期にわたり療養が必要である要介護者に対し、療養上の管理、看護、医学的管理の下における介護および機能訓練その他必要な医療ならびに日常生活上の世話を行う施設

注　介護療養型医療施設の経過措置期間（平成30年3月末まで）は、平成29年の法改正により、令和6年3月末まで6年間延長されている。

〔出典：財団法人 厚生労働統計協会（2018）『国民の福祉と介護の動向 2018/2019』、p.153〕

表6-5　介護保険制度における地域密着型サービス

サービスの種類	サービスの内容
定期巡回・随時対応型訪問介護看護	重度者を始めとした要介護高齢者の在宅生活を支えるため、日中・夜間を通じて、訪問介護と訪問看護が密接に連携しながら、短時間の定期巡回型訪問と随時の対応を行う
小規模多機能型居宅介護	要介護者に対し、居宅またはサービスの拠点において、家庭的な環境と地域住民との交流の下で、入浴、排せつ、食事等の介護その他の日常生活上の世話および機能訓練を行う
夜間対応型訪問介護	居宅の要介護者に対し、夜間において、定期的な巡回訪問や通報により利用者の居宅を訪問し、排せつの介護、日常生活上の緊急時の対応を行う
認知症対応型通所介護	居宅の認知症要介護者に、介護職員、看護職員等が特別養護老人ホームまたは老人デイサービスセンターにおいて、入浴、排せつ、食事等の介護その他の日常生活上の世話および機能訓練を行う
認知症対応型共同生活介護（グループホーム）	認知症の要介護者に対し、共同生活を営むべく住居において、家庭的な環境と地域住民との交流の下で、入浴、排せつ、食事等の介護その他の日常生活上の世話および機能訓練を行う

地域密着型特定施設 入居者生活介護	入所・入居を要する要介護者に対し、小規模型（定員30人未満）の施設において、地域密着型特定施設サービス計画に基づき、入浴、排せつ、食事等の介護その他の日常生活上の世話、機能訓練および療養上の世話を行う
地域密着型介護老人福祉 施設入所者生活介護	入所・入居を要する要介護者に対し、小規模型（定員30人未満）の施設において、地域密着型施設サービス計画に基づき、可能な限り、居宅における生活への復帰を念頭に置いて、入浴、排せつ、食事等の介護その他の日常生活上の世話および機能訓練、健康管理、療養上の世話を行う
看護小規模多機能型 居宅介護	医療ニーズの高い利用者の状況に応じたサービスの組み合わせにより、地域における多様な療養支援を行う
地域密着型通所介護	老人デイサービスセンター等において、入浴、排せつ、食事等の介護、生活等に関する相談、助言、健康状態の確認その他の必要な日常生活の世話および機能訓練を行う（通所介護事業所のうち、事業所の利用定員が19人未満の事業所。原則として、事業所所在の市町村の住民のみ利用）。

注 「看護小規模多機能型居宅介護」は、従来、「複合型サービス」と称していたが、平成27年度
　　介護報酬改定において名称が変更された。

〔出典：財団法人 厚生労働統計協会（2018）『国民の福祉と介護の動向 2018/2019』、p.154〕

5）介護予防・日常生活支援総合事業

　介護保険制度における介護サービス以外に、市町村が実施する地域支援事業がある。地域支援事業は、被保険者が要支援・要介護状態になることを予防し、社会に参加しつつ、地域において自立した日常生活を営むことができることを目的に2006年4月から実施された。

　地域支援事業の1つとして、介護予防・日常生活支援総合事業は2015年に創設され、2017年4月までにすべての市町村で実施された。そして、要支援者が利用していた介護予防訪問介護と介護予防通所介護は、介護予防・日常生活支援総合事業へ移行された。

6）地域包括支援センター

　地域包括支援センターは2006年4月に創設された。地域包括支援センターは、公平・中立な立場から、地域における介護予防ケアマネジメントや総合相談、権利擁護などを担う中核機関である。地域包括支援センターは、市町村直営や市町村から委託を受けた社会福祉法人などが設置・運営

主体となり、保健師、社会福祉士、主任介護支援専門員の３職種の専門職が配置されている。

第7章　障害者福祉

第1節　障害者福祉における基本的な考え方

　障害者福祉を学ぶにあたり、どのような考え方をもって支援をすることが求められているのか、ということを理解しておくことはとても重要である。

1）アドボカシー、権利擁護
　「アドボカシーとは『特定の対象者（集団）のために既存の／今後の政策や実践を変える目的を持つ活動』であり、『権利擁護』（後略）」[1]であるとされている。社会的に弱い立場におかれる人々は、その他の市民と比較して、権利侵害を受けやすい存在であると言える。現在の日本社会のように出来ることや理解できることを当然と考える社会において、機能・能力的に困難を多く伴う障害者は、日常生活の様々な場面で制約を受け、市民として当然に護られるべき権利を侵害されやすい。そのような状況を市民や専門職は十分に理解し、一人の人間として護られるべき権利を認識し、護る努力をしなければならない。

　また専門職は、障害者が何をどの様に感じ、どうしたいと考えているのかをしっかりと聴くことや、その人が自分自身の力に気づき、回復していけるような支援を提供しなければならない。また、それに基づいた支援をどのようにすれば適切に提供できるのかを考えなければならない。このようなプロセスを**エンパワメント**と呼ぶ。

2）ソーシャル・インクルージョン
　1970年代のフランスにおいて提唱された「ソーシャル・エクスクルージョ

ン」（社会的排除）と呼ばれる社会的環境（若年者等の長期失業者やひとり親家庭等が労働市場等から排除されていた）の対語として「ソーシャル・インクルージョン」が提唱された[2]と言われている。様々な人を排除する社会ではなく、それらの人々を包摂した社会を目指すとされている。以前はノーマライゼーションという理念がよく用いられていたが、近年はソーシャル・インクルージョンやインクルーシブな社会などの言葉が用いられることが多い。障害者は社会から排除されることが多く、学校や職場、地域など様々な場面で他の市民と別の場が提供され、そこで同じような状態の人ばかりが集まって支援を受けている。このことは他の市民にとっても、日常生活における関わりの時に苦慮するだけでなく、当事者である障害者にとっても有害であることが多い。そうではなく、子どものころから様々な人と共に生活することで、関わりに苦慮することが減り、お互いに理解しあえることが増え、双方にとって有益となる。

3）意思決定支援、自己決定支援

　障害の有無にかかわらず、人は自らの人生を自らの希望や目標を持って能動的に情報収集し、選択し、決定し、実行に移していく。障害者の多くはこの自己決定も自己選択もできない、または困難であるとみなされている。確かに、一部の障害者についてはそのような状態にある人がいるかもしれない。しかし多くの障害者は適切な情報の提供と提示、説明や体験などがあれば、自らの希望や目標に近づくものを能動的に選択できる。そのような理解が十分になされてこなかったため、今なお、障害者は自己選択も自己決定もできないと考えられているのではないだろうか。多くの人が適切な情報の提供と、分かりやすい説明を受けることができれば自らの意思を示し、選択・決定をすることができるのだ、という考えを持たなければならない。また能動的な選択が出来なくても、よりその人らしい生活を実現するための支援を模索し続けることが重要である。障害者権利条約の策定過程において「我らを抜きに我らの事を決めてはならない」（Nothing about us without us）[3]という発言を、障害者団体がそれぞれの発言の締

めに用いている。このことは、本人中心であることの重要性を示していると言うことができる。

第2節　障害の概念と対象・対象者

1) 国際的な障害定義と対象者

　1975年の第26回国連総会において採択をされた障害者権利宣言では「『障害者』という言葉は、先天的か否かにかかわらず、身体的又は精神的能力不全のために、通常の個人又は社会生活に必要なことを確保することが、自分自身では完全に又は部分的に出来ない人のことを意味する」としている。

　1993年の第48回国連総会で採択をされた「障害者の機会均等化に関する標準規則」では「障害とハンディキャップ」において「17、「障害」(disability)は世界の全ての国の全ての人口で起きている数多くの異なる機能的制約を要約した言葉である。人は身体的・知的・感覚的な損傷（impairment）、医学的状態、精神病により障害をもつかもしれない。こういった損傷、状態、病気の性格は永続的な場合も一時的な場合もある。」「18、ハンディキャップとは、他のメンバーと平等なレベルで地域社会の生活に参加する機会が欠如もしくは制約されていることである。ハンディキャップという言葉は障害をもつ人と環境の出会いを示す。環境並びに情報、コミュニケーション、教育など社会が組織している活動の欠点に焦点を当てるのが、この用語の目的である。こういった環境と活動が障害をもつ人の平等な条件での参加を妨げている」[4)]

　障害者権利条約では「障害が発展する概念であることを認め、また、障害が機能障害を有する者とこれらの者に対する態度及び環境による障壁との間の相互作用であって、これらの者が他の者との平等を基礎として社会に完全かつ効果的に参加することによって生ずることを認め、」（前文 e）、「（前略）障害者には、長期的な身体的、精神的、知的又は感覚的な障壁

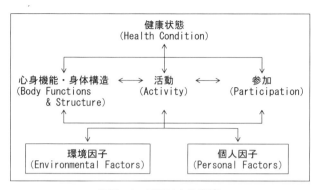

図7-1　ICFによる障害

との相互作用により他の者との平等を基礎として社会に完全かつ効果的に参加することを妨げ得るものを有する者を含む」（第 1 条）[5]

　国際的にも当初は、WHOの示すICIDHに基づく医学モデルでの障害の理解であったが、次第に社会モデルと呼ばれるような環境との関係を捉えた障害の理解に変化をしてきている。WHOの国際障害分類でもICIDHからICFに変化し、環境や個人といった因子を加えて障害を理解するようになっている（図 7 - 1 参照）。

2 ）日本の障害定義と対象者

⑴　障害者基本法

　この法律において障害者とは、「身体障害、知的障害、精神障害（発達障害を含む）その他の心身の機能の障害（以下「障害」と総称する）がある者であって、障害及び社会的障壁により継続的に日常生活又は社会生活に相当な制限を受ける状態にあるものをいう」（第 2 条）、とされている。2011年の法改正において障害者の定義が見直され、障害及び社会的障壁により、という文言が追加され現在に至っている。

　なお、障害者の虐待の防止、障害者の養護者に対する支援等に関する法律（障害者虐待防止法）においても、障害者について障害者基本法と同様の定義が用いられている。

(2) 障害者総合支援法

　この法律では「『障害者』とは、身体障害者福祉法第4条に規定する身体障害者、知的障害者福祉法にいう知的障害者のうち18歳以上である者及び精神保健及び精神障害者の福祉に関する法律第5条に規定する精神障害者（発達障害者支援法（平成16年法律第167号）第2条第2項に規定する発達障害者を含み、知的障害者福祉法にいう知的障害者を除く。以下「精神障害者」という。）のうち18歳以上である者並びに治療法が確立していない疾病その他の特殊の疾病であって政令で定めるものによる障害の程度が厚生労働大臣が定める程度である者であって18歳以上であるものをいう。」（第4条）。

(3) 身体障害者福祉法

　この法律では、「『身体障害者』とは、別表に掲げる身体上の障害がある18歳以上の者であって、都道府県知事から身体障害者手帳の交付を受けたものをいう」（第4条）別表には視覚障害、聴覚又は平衡機能の障害、音声機能、言語機能又はそしゃく機能の障害、肢体不自由、心臓、じん臓若しくは呼吸器又はぼうこう若しくは直腸、小腸、ヒト免疫不全ウィルスによる免疫若しくは肝臓の機能障害として1級から7級まで列挙されている。

(4) 精神保健及び精神障害者の福祉に関する法律

　この法律において「『精神障害者』とは、統合失調症、精神作用物質による急性中毒又はその依存症、知的障害、精神病質その他の精神疾患を有する者をいう。」（第5条）精神疾患の診断基準にはWHOの作成しているICD－11（2018年6月公表）やDSM－5（アメリカ精神医学会の『精神疾患の診断・統計マニュアル』）等が日本では用いられている。一定程度の精神障害の状態にあると認定されると精神障害者保健福祉手帳が交付される。

(5)　発達障害者支援法

　この法律では「『発達障害者』とは、発達障害がある者であって発達障害及び社会的障壁により日常生活又は社会生活に制限を受ける者をいい、『発達障害児』とは、発達障害者のうち18歳未満のものをいうとされている。（第２条第２項）2016年に定義が改正され「社会的障壁により」という文言が追加されている。医学的な診断のみに拠るのではなく、環境との関係で障害を捉えようとする動きの１つと言える。

　なお「『発達障害』とは自閉症、アスペルガー症候群その他の広汎性発達障害、学習障害、注意欠陥多動性障害その他これに類する脳機能の障害であってその症状が通常低年齢において発現するものとして政令で定めるものをいう。」とされている（第２条）。

(6)　その他

　ここまででは知的障害者福祉法による知的障害者の定義をあげていないが、知的障害者福祉法には「知的障害」や「知的障害者」の定義がない。2005年に実施された「知的障害児（者）基礎調査」では「知的機能の障害が発達期（おおむね18歳まで）にあらわれ、日常生活に支障が生じているため、何らかの特別の援助を必要とする状態にあるもの」と定義されている。なお知的機能の障害については「標準化された知能検査（ウェクスラーによるもの、ビネーによるものなど）によって測定された結果、知能指数がおおむね70までのもの」とされている。2016年に実施された「生活のしづらさなどに関する調査（全国在宅障害児・者実態調査）」では療育手帳を所持している者が対象となっており、療育手帳は都道府県・政令市によって基準が若干異なっている。

３）障害者数

　障害者数は調査を追うごとに増加しており、2006年の655.9万人から2010年の744.3万人、2014年の787.9万人、最新の情報では2018年の936.6万人となっている（表７－１参照）。また生活の場所は身体と精神障害者の90%

表7－1　障害者数

	在宅	施設	計
身体障害者（児）	428.7万人（98.3%）	7.3万人（1.7%）	436.0万人
知的障害者（児）	96.2万人（88.9%）	12.0万人（11.1%）	108.2万人
精神障害者（児）	389.1万人（92.8%）	30.2万人（7.2%）	419.3万人
難病患者			89.2万人

〔出典：厚生労働白書平成30年版p３〕（難病患者数は平成29年度末現在の特定医療費受給者証所持者数：難病情報センター）

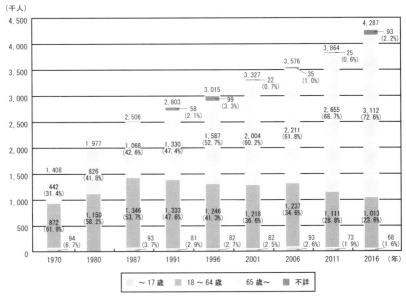

資料：厚生労働省社会・援護局障害保健福祉部「身体障害児・者等実態調査」（1970年、1980年、1987年、1991年、1996年、2001年、2006年）
　　　厚生労働省社会・援護局障害保健福祉部「生活のしづらさなどに関する調査（全国在宅障害児・者等実態調査）」（2011年、2016年）
（注）1980年は身体障害児（0～17歳）に係る調査を行っていない。

図7－2　年齢階層別障害者数（身体障害児・者（在宅））

〔出典：厚生労働省（2019）『平成30年版 厚生労働白書』p５〕

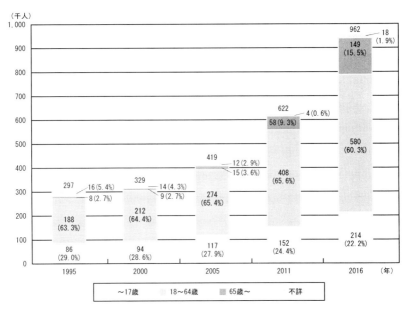

資料：厚生労働省社会・援護局障害保健福祉部「知的障害児（者）基礎調査」（1995年、2000年、2005年）
　　　厚生労働省社会・援護局障害保健福祉部「生活のしづらさなどに関する調査（全国在宅障害児・者等実態調査）」
　　　（2011年、2016年）

図7－3　年齢階層別障害者数（知的障害児・者（在宅））

〔出典：厚生労働省（2019）『平成30年版 厚生労働白書』p6〕

以上が在宅となっており、知的障害者についても88.9％が在宅となっている。

　身体障害者は年々高齢化が進んでおり、在宅身体障害者の72.6％は65歳以上となっている（図7－2参照）。知的障害者や精神障害者も徐々に高齢化が進展してきている（図7－3、図7－4参照）。身体障害の種別では肢体不自由が45％を占め、次いで内部障害が約29％となっている（図7－5参照）。精神障害では気分障害が最も多く、次いで神経症性障害と続く（図7－6参照）。

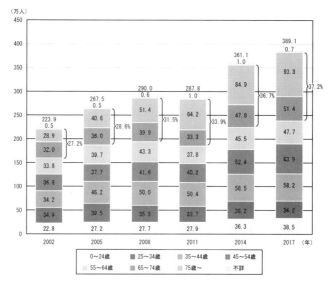

資料：厚生労働省政策統括官付保健統計室「患者調査」（2002年、2005年、2008年、2011年、2014年、2017年）より厚生労働省社会・援護局障害保健福祉部で作成
（注）2011年の調査では宮城県の一部と福島県を除いている。

図7-4　年齢階層別障害者数（精神障害者・外来）

〔出典：厚生労働省（2019）『平成30年版 厚生労働白書』p7〕

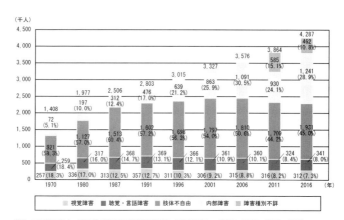

資料：厚生労働省社会・援護局障害保健福祉部「身体障害児・者等実態調査」（1970年、1980年、1987年、1991年、1996年、2001年、2006年）
　　　厚生労働省社会・援護局障害保健福祉部「生活のしづらさなどに関する調査（全国在宅障害児・者等実態調査）」（2011年、2016年）
（注）1980年は身体障害児（0～17歳）に係る調査を行っていない。

図7-5　種類別障害者数（身体障害児・者（在宅））

〔出典：厚生労働省（2019）『平成30年版 厚生労働白書』p8〕

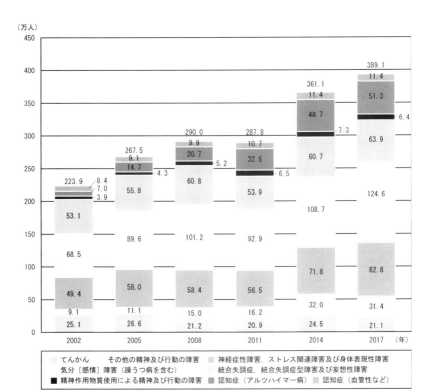

（万人）

資料：厚生労働省政策統括官付保健統計室「患者調査」（2002年、2005年、2008年、2011年、2014年、2017年）
　　　より厚生労働省社会・援護局障害保健福祉部で作成
（注）2011年の調査では宮城県の一部と福島県を除いている。

図7-6　種類別障害者数（精神障害者（在宅））

〔出典：厚生労働省（2019）『平成30年版 厚生労働白書』p9〕

第3節　障害者総合支援法

1）制定までの背景と、改正の流れ

　戦後の障害者福祉制度は障害種別で法を整備し、それぞれで個別の支援制度を構築してきた。社会福祉基礎構造改革による措置から利用契約制度への移行を促す流れの中で、障害者福祉制度は従来の措置制度から「支援費支給制度」へと変化した。その後、財政上の問題等から2005年に障害者自立支援法が制定され、2006年から施行された。この法律の制定に伴い、障害種別にとらわれないサービス提供体制の整備や公費負担医療、自立に向けた就労支援の制度など、現在の障害者総合支援法の形が形成された。2006年12月に障害者権利条約が国連で採択されたり、応益負担制度の廃止を求めた裁判の結果、国と締結された「基本合意文書」により2010年に「障がい者制度改革推進本部等における検討を踏まえて障害保健福祉施策を見直すまでの間において障害者等の地域生活を支援するための関係法律の整備に関する法律」が制定された。これらを踏まえて、2012年に「地域社会における共生の実現に向けて新たな障害保健福祉施策を講ずるための関係法律の整備に関する法律」が公布され、「障害者の日常生活及び社会生活を総合的に支援するための法律」（通称：障害者総合支援法、以下、総合支援法）が2013年に施行された。

　改正の動きとしては、2018年にサービスが追加され、内容が一部変更された。また難病の範囲が拡大し、高齢障害者の利用者負担軽減策が導入された。

2）障害支援区分と利用の流れ

　障害者総合支援法では、「障害者等の多様な特性その他の心身の状態に応じて必要とされる標準的な支援の度合いを総合的に示すもの」として厚生労働省が省令で定める障害支援区分が導入されている。障害支援区分は1から6まであり、区分6が最も支援の度合いが高い状態とされている。

障害支援区分は「介護給付」を申請する際に必要な手続きとなっており、申請が行われると市町村の認定調査員が本人や保護者と面談し、心身状態や生活環境等を調査する。この結果と医師の意見書の一部を一次判定とし、さらにそこから市町村審査会において二次判定を実施することになる。二次判定では一次判定結果と医師の意見書、特記事項などを踏まえて、非該当から障害支援区分1から6の判定を行い、その結果を市町村長に通知す

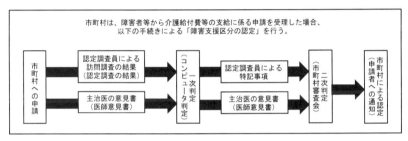

図7－7　障害支援区分認定の流れ

〔出典：厚生労働省Webサイト「障害支援区分」https://www.mhlw.go.jp/content/000501490.pdf（2020/1/30アクセス）〕

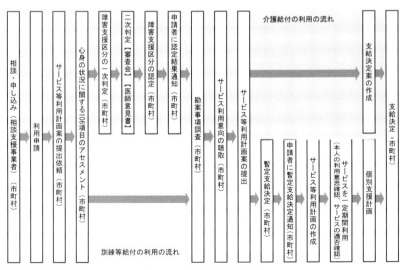

図7－8　支援利用の流れ
〔厚生労働省HPより筆者作成〕

る、という流れになっている（図7－7参照）。

　次に支援の利用の流れであるが、介護給付と訓練等給付、地域相談支援、自立支援医療、補装具でそれぞれ利用の流れは変わる。ここでは介護給付と訓練等給付の利用の流れを示す（図7－8参照）。

3）サービス

　障害者総合支援法では市町村の自立支援給付として「介護給付」「訓練等給付」「相談支援」「自立支援医療」「補装具」がある。また地域生活支援事業として相談支援、意思疎通支援、日常生活用具、移動支援、地域活

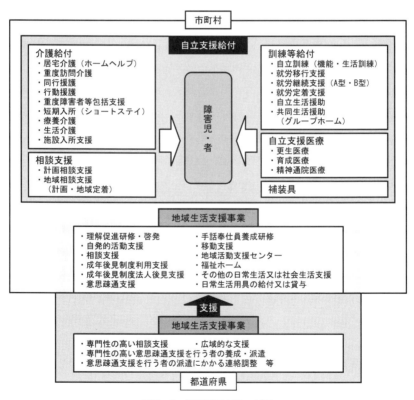

図7－9　障害福祉サービス

〔出典：全国社会福祉協議会（2018）『リーフレット「障害福祉サービスの利用について」』より作成〕

動センター、福祉ホームなどがある。自立支援給付は個別に支給決定が行われ、地域生活支援事業は市町村が利用者の状況に応じて効果的・効率的に実施できるものとなる（図7－9参照）。

　介護給付には居宅介護、同行援護、療養介護、短期入所、重度障害者等包括支援、施設入所支援、重度訪問介護、行動援護、生活介護がある。

　訓練等給付には自立訓練（機能訓練・生活訓練）、就労移行支援、就労継続支援（A型・B型）、就労定着支援、自立生活援助、共同生活援助がある。

　相談支援には地域相談支援（地域移行支援・地域定着支援）、計画相談支援がある。

　自立支援医療には更生医療、育成医療、精神通院医療がある。

　補装具は購入や借受けに必要な費用を支給するもので、義肢や装具、車いす等がある。

　また、障害者総合支援法では、市町村と都道府県が「地域の特性や利用者の状況に応じ、柔軟な形態により事業を効果的・効率的に実施」することを目的とした地域生活支援事業がある。市町村地域生活支援事業は10の必須事業と４つの任意事業（日中生活支援、社会参加支援、権利擁護支援、就業・就労支援）等がある。都道府県地域生活支援事業は５つの必須事業、５つの任意事業（日中生活支援、社会参加支援、権利擁護支援、就業・就労支援、重度障害者に係る市町村特別支援）等がある。

第４節　障害者権利条約と国内法整備

１）障害者権利条約の概要

　障害者権利条約は、1966年の国際人権規約の採択から40年経過した2006年に、第61回国連総会で採択された。1971年の「知的障害者の権利に関する宣言」や1975年の「障害者の権利に関する宣言」、1982年の「障害者に関する世界行動計画」や翌年の「障害者の機会均等化に関する標準規則」など、障害者に関する様々な宣言や規則などが国連において法的拘束を

持たない政治的・道義的なガイドラインとして採択されている。これらの宣言や規則などは条約や規約のように法的拘束力を有するものではない。機会均等化規則はある程度の国際的な影響力を持つものであったとされているが、限界があったことは否定できない。

　その後、世界各国で障害者の差別禁止法制の整備や地域の10年間の取り組み等の広がりが見られ、障害者の人権保障の取り組みが活発化していった。こうした動きの中で2001年12月にメキシコの大統領が第56回国連総会の場で障害者の権利条約を提起し、特別委員会（アドホック委員会）を設置することが決議された。

　アドホック委員会設置後、特別委員会が８回会期に分けて開催され、国・地域以外にNGOが積極的に参画し、条約の草案作りから策定に至る過程に積極的な発言と議論を行ってきた。その結果2006年12月の第61回国連総会で選択議定書と共に採択され、2008年５月に権利条約が発効している。

　障害者権利条約は前文と50条で構成されている。条文は総則に相当する第１条から第10条、各論にあたる第11条から第32条、条約実効性に関する事項を定めた第33条から第50条に分けられている[6]。この障害者権利条約を日本国内で批准（国際的な取り決め（条約）をその国の法制度に拘束力を与えることを国家として確認と同意を行うこと）するために、様々な法制度の改正が必要となった。

２）整備された国内法

　日本では、2007年に障害者権利条約に署名をし、障害者権利条約批准に向け、国内法の整備に着手をした。厚生労働白書平成28年版では、「これを受け、障害者基本法の改正（平成23（2011）年８月）、障害者の日常生活及び社会生活を総合的に支援する法律（以下「障害者総合支援法」という）の成立（平成24（2012）年６月）、障害者差別解消法の成立および障害者雇用促進法の改正（平成25（2013）年６月）など、様々な法制度整備が行われた。」とされている。上記で記載されている以外にもバリアフリー法や民法、身体障害者福祉法や知的障害者福祉法、精神保健福祉法、児童

福祉法、学校教育法、身体障害者補助犬法など様々な法律が障害者権利条約の批准に必要な改正を行っている。法整備の内容としては、差別の禁止や合理的配慮の提供、意思決定過程への障害者の参加、差別を受けた場合や権利侵害の救済方法等が盛り込まれた内容となっている。

　障害者権利条約を2014年に批准し、2015年からその効力が発生するようになった日本は、4年に一度、国連障害者権利委員会の審査を受けることになっている。政府が提出する報告と市民（NPOや障害者団体など）からの報告の両方が権利委員会に提出をされ、政府に対し、改善点等について勧告を出すことになる。この改善勧告を受けて、必要な法改正や法の整備が今後はさらに行われていくと思われる。

第5節　障害者福祉の施策と今後に向けた課題

　障害者と呼ばれる人々は年々増加する傾向にある。また高齢化や重度障害児・者（医療的ニーズの増大に伴い、医療的ケア児等と呼ばれることもある）と呼ばれる人々の増加等、1960年代から70年代の障害者像と比べると、対象者像も変化してきている。これに加えて、ニーズも生存に必要な資源の確保から、より人間として、一人の市民として生きるためのニーズに変化をしてきている。

　現在の障害者福祉施策は障害者基本法を基に、障害者総合支援法や障害者差別解消法、障害者虐待防止法、バリアフリー法等が重層的に市民としての権利を護りつつ、一個人として社会の中で（仕事を含めた活動場所において）役割を担いつつ、生活をすることを支えるシステムを構築しつつある。また障害者の生活支援では所得補償や移動支援、情報保障、福祉機器、雇用支援、教育保障など様々な分野の施策が相互に影響を与えあっている。

　上記のことを総合的に示しているのが第4次障害者基本計画となっている。この計画は2018（平成30）年度から5年間で達成すべき目標が示された計画となっている。基本的方向として①2020年東京パラリンピックも契

機として、社会のバリア（社会的障壁）除去をより強力に推進、②障害者権利条約の理念を尊重し、整合性を確保、③障害者差別解消に向けた取組を着実に推進、④着実かつ効果的な実施のための成果目標を充実が挙げられている。

　各論は11項目が挙げられている。①安全・安心な生活環境の整備（住環境や移動、まちづくり）、②情報アクセシビリティの向上及び意思疎通支援の充実（障害者に配慮した情報通信・放送・出版、人材育成など）、③防災、防犯等の推進（災害発生時の障害特性に配慮した支援、消費者トラブル防止等）、④差別の解消、権利擁護の推進及び虐待の防止、⑤自立した生活の支援・意思決定支援の推進（相談支援体制、地域移行支援、障害児支援の充実、補助犬や福祉用具普及促進、サービスの質の向上等）、⑥保健・医療の推進（精神障害者の早期退院、社会的入院解消等）、⑦行政等における配慮の充実（司法手続きや選挙、行政情報提供等）、⑧雇用・就業、経済的自立の支援（就労支援、就業機会確保）、⑨教育の振興（特別支援教育の充実、障害学生支援、生涯学習）、⑩文化芸術活動・スポーツ等の振興、⑪国際社会での協力・連携の推進。以上が具体的な達成目標となり、これに成果目標を設定できるものについては数値目標を設定している。

　今後の課題としては、この障害者基本計画に挙げられている目標を達成することが挙げられる。しかしながら、根本的には障害や障害者に対する理解が必要であり、もう少し大きく広げて考えれば、一人一人の生き方が多様になっている現代社会において、様々な人と接し、理解し、共に生きる方法を模索していく社会を形成していくことが求められる。分けるのではなく、同じ場で、同じ体験を共有したり、体験できないことや考え方を共有したり、簡単に排除をすることのない社会を目指していかなくてはならない。また希望すればそれに挑戦できる社会、挑戦に失敗しても諦めたり絶望するのではなく、挑戦し続けたり、別の道を切り開けたりするような社会を目指さなければならない。また一人の人間として相互に認め合い、その人らしく生きることを支えあうことが求められる。そのような基盤の

上に、地域社会の形成や支援者の養成、まちづくりの推進や支援機器の充
実を図っていくことが求められる。

注

1 ）竹端寛・山下幸子・尾﨑剛志・圓山里子（2017）『新・基礎からの社会福祉 4
　　障害者福祉』〈第 2 版〉ミネルヴァ書房、p34

2 ）岩田正美（2008）『社会的排除参加の欠如・不確かな帰属』有斐閣、pp17 - 18

3 ）長瀬修・東俊裕・川島聡編（2008）『障害者の権利条約と日本　概要と展望』
　　生活書院、p28

4 ）DINF障害保健福祉研究情報システムWebサイト http://www.dinf.ne.jp/doc/
　　japanese/intl/standard/standard.html（2019・ 8 ・10閲覧）

5 ）内閣府「障害者白書平成30年版」pp314 - 315

6 ）竹前栄治（2008）「障害者権利条約」『東京経済大学紀要』2008年 2 月　現代法
　　学15号81 - 106、p83

第8章　地域福祉

第1節　地域福祉とはどんな福祉か

1）地域福祉の定義

　社会福祉用語辞典 六訂（2012）によると、地域福祉とは「地域社会において、地域住民のもつ問題を解決したり、また、その発生を予防するための社会福祉施策とそれに基づく実践をいう」とされている。同辞典はさらに「地域福祉の概念は、とらえ方や立場の違いで人によって様々な見解があり、必ずしも定まっているとはいえないが、在宅福祉サービスや地域組織化を具体的内容としている点では共通している。地域住民の生活上の問題に対して、住民相互の連帯によって解決を図ろうとする点が地域福祉の特徴といえる」と続けている。

　この定義によると、

　①地域福祉については様々な見解はあるが、
　②地域福祉の内容は在宅福祉サービスと、地域組織化活動、すなわち今日でいうコミュニティワークが柱になっている。
　③そして、（公的に実施される専門家によるサービスだけではなく）住民相互の連帯、すなわち地域住民の力によって問題を解決しようとする。
　④実践の場は（いわゆる入所施設ではなく、また全国レベルでもなく）地域社会である。

ということになる。
　この他にも地域福祉は様々に定義されているが、ここに盛り込まれてい

ることが地域福祉のエッセンスであり、本章でもこのような考え方で地域
福祉を検討していくことにする。

2）地域福祉の展開

　社会福祉の歴史を振り返ってみると、わが国の明治時代以降を見てみて
も、貧困等の生活上の問題が生じた場合でも国家が積極的に救済するとい
うことはなく、まずは家族で助け合う、さらには地域社会で助け合うとい
うのが普通の形であった。我が国初の救貧立法である「恤救規則」1874（明
治7）年においても「人民相互の情宜」が優先されることが規定されていた。
　国家的な公的救済はほとんど行われないわけであるから、生活困窮者に
対する救済事業は民間の慈善事業として行われていた。児童、障害者、高
齢者等の集団的な救済は、篤志家等によって入所施設を中心に行われたが、
地域社会にも生活困窮者を救済するための仕組みが作られていた。それら
は地域によって異なる呼び方をされ、「講」や「結い」と呼ばれた。これ
らはいわゆる相互扶助の仕組みであり、今日の地域による地域福祉の取り
組みにつながってくるものである。
　また、一方では地域社会を対象にして民間の人たちによるセツルメント
活動も行われた。さらに、今日の民生委員の源流となる済世顧問や方面委
員といった形で民間人に貧民の救済を委託する制度も実施された。
　大正、昭和の時代になるにつれ、国家的な貧困者救済の制度は拡大して
いった側面もあるが、第二次世界大戦終了までの福祉に対する基本的な考
え方は変化しなかったし、ほぼ同じような形で救済活動は行われていた。
　それが急速に形を変えるのは第二次世界大戦後である。すなわち、日本
国憲法が制定され、生存権の規定と国の保障義務が明示された。それとと
もに、イギリスの福祉国家の理念も重視され、わが国も福祉国家づくりが
目標とされた。この過程で社会保障や社会福祉の制度が整備されていった。
そのような方向性を反映して、また産業構造の変化の影響も受けて、それ
まで生活問題を抱えている人たちを支えていた家族や地域社会の機能も低
下していった。生活問題を抱えている人たちを支えるのは、基本的に国家

の役割になったのである。

　このような流れの中で、地域社会の解体が進行し、もう一度地域を復活させようという動きがコミュニティづくりという形で行われるようになったのは1970年ごろのことであった。また、このような動向の影響を受けて、社会福祉の領域では地域福祉という言葉が盛んに言われるようにもなった。

　この時期、児童福祉や老人福祉に関する法律は整備されたが、地域福祉に関しては法律は当然なく、法律の中で地域福祉という用語が使用されることもなかった。それでも社会福祉研究の分野では地域福祉が重要なテーマになっていたし、基本的には民間団体である社会福祉協議会を中心に地域福祉の取り組みは進展してきていた。

　しかし、この時代の中心的な課題は国家や地方公共団体による公的な福祉を、公的な資金を使用して、また専門職員を担い手として拡大していくことが望ましいと考えられていたのも事実であった。

3）地域福祉重視の背景

　わが国の1990年代（平成の最初の10年間）は、バブル経済の崩壊を契機にして、それまでの社会の仕組み全体に疑問が投げかけられ、新しい方向へのかじ取りが行われた時代、すなわち構造改革の時代であった。

　社会全体にとっても、社会福祉にとっても高齢化の急速な進展とそれへの対応は大問題であった。当然のことであるが、社会福祉もこの2つの動向の影響を受けて大きく変貌を遂げざるを得なかった。すなわち、一方では高齢化の進展に伴う要介護高齢者への対応としての介護保険制度が創設され、その一方では地域福祉重視型の社会福祉への転換がはかられたのである。つまり、介護は社会保険制度で整備をされていったが、社会福祉に関しては社会福祉法の制定2000（平成12）年によって地域福祉の重視の方向性が規定されたのであった。

第2節　地域福祉の推進

1）社会福祉法と地域福祉

　2000（平成12）年に制定された社会福祉法は、それまでの社会福祉事業法を改定して制定されたものであるが、社会福祉の仕組みが措置から契約へと転換されたことを受けて、社会福祉を目的とする事業の全分野における共通的基本事項とともに社会福祉サービスの利用者の利益の保護、そして地域における社会福祉の推進を柱として制定されたものである。そして、この地域における福祉の推進を、「以下『地域福祉』という」、法律上では初めて地域福祉という用語が使用されたのである（第1条）。すなわち、この法律の制定以降、地域福祉の推進が社会福祉の中で基本的な方向性となったのである。

　また、同法第4条は地域福祉の推進ということで、「地域住民、社会福祉を目的とする事業を経営する者及び社会福祉に関する活動を行う者は、相互に協力し、福祉サービスを必要とする地域住民が地域社会を構成する一員として日常生活を営み、社会、経済、文化その他あらゆる活動に参加する機会が与えられるように、地域福祉の推進に努めなければならない」と規定して、これからの社会福祉の基本的な考え方が地域福祉であること、その主体は地域住民等であること、そして理念としてはノーマライゼーションを柱とすることが示された。

　なお、この規定が設けられたことによって、国や地方公共団体はサービス提供者ではなく、基盤整備者の役割に転換することも第6条で示されている。

　さらに、同法第10章は地域福祉の推進という条項になり、地域福祉計画と社会福祉協議会の規定が設けられ、特に社会福祉協議会はその構成員として「地域福祉を図ることを目的とする団体」等の規定が設けられたのである。

　このように、社会福祉法はこれからの社会福祉が地域福祉を中心に展開

していくことを示しているといっても言い過ぎではないであろう。

２）地域における「新たな支え合い」を求めて

　厚生労働省は2008（平成20）年に、「これからの地域福祉のあり方に関する研究会」の報告書として「住民による『新たな支え合い』の姿を求めて－これからの地域福祉のあり方－」を発表した。この報告書はこれからの地域福祉のあり方や方向性を考える上でも重要な報告書である。

　この報告書のもとになっている研究会の報告書には、「住民と行政の協働による新しい福祉」という副題が付けられており、これからの地域福祉推進の重要な方向性が「住民と行政の協働」であることが理解できる。

　また、この報告書は、地域福祉の意義と役割として、

①地域における「新たな支え合い」（共助）
②エンパワメントとしての支援等、地域で求められる支え合いの姿。
③地域の生活課題への対応
④住民主体
⑤ネットワークで受け止める
⑥地域社会再生の軸としての福祉

といった点を示している。

　また、近年の公的な社会福祉制度はかなり充実してきているということを前提にして、これからの地域福祉が特に取り組むべき課題として、

①軽易な手助け、制度の谷間にある人の問題等、公的な福祉サービスだけでは対応できない生活問題
②ホームレス、外国人、刑務所出所者等社会的排除の対象になりやすい少数者、低所得者の問題
③地域移行への要請への対応

といった問題を示している。

　この報告書はやや抽象的な提言にとどまっており、具体的に誰が、どういう方法で問題に対処していくのかといった具体的な提言は十分にされていないようにも思われるが、これからの社会福祉は地域福祉、すなわち、これまでのように行政が公的な責任ですべての問題を解決するのではなく、「行政と住民」が協働して対応していくことが望ましいという地域福祉の基本的な方向性は明確に示されている。

3）地域包括ケアと地域福祉

　「地域包括ケア」という用語は今では高齢者の介護政策や介護実践を推進する上でのキーワードとなっており、2012（平成24）年度から始まっている第5期介護保険事業計画にも反映されている。

　それでは地域包括ケアとはどんなケアなのであろうか。2010（平成22）年3月に地域包括ケア研究会が発表した報告書、「地域包括ケア研究会報告書」によると、「ニーズに応じた住宅が提供されることを基本とした上で、生活上の安全・安心・健康を確保するために、医療や介護のみならず、福祉サービスを含めた様々な生活支援サービスが日常生活の場（日常生活圏域）で適切に提供できる地域の体制」であり、具体的には30分以内で必要なサービスが提供される圏域である中学校区が適切な圏域であるとしている。

　また、地域包括ケアでは、地域に存在している福祉分野別、例えば障害者総合支援法などのサービス（公助）、介護保険リービス（共助）、医療保険サービス（共助）、住民主体のサービスやボランティア活動（互助）、セルフケアの取り組み（自助）を有機的に連動させることが目指されている。つまり、地域包括ケアは、「自助、互助、共助、公助」の役割分担で進められるケアなのである。

　したがって、これからの地域包括ケアと地域福祉の推進には強い関係性があり、地域福祉には特に互助の側面での住民の取組みやボランティア活動の推進が望まれるところである。

4）地域共生社会と地域福祉

　近年、「地域共生社会」という言葉が使われてきた。しかも、地域福祉と深い関係があるものである。では「地域共生社会」とはどのような社会であろうか。ここに全国社会福祉協議会　地域福祉計画の策定促進に関する委員会が2019（平成31）年３月29日に発表した『地域共生社会の実現に向けた地域福祉計画の策定・改定ガイドブック』がある。同発表の「地域共生社会」について援用して要点をまとめると以下のとおりである。

　地域共生社会の定義は、2017（平成29）年２月７日厚生労働省「我が事・丸ごと」地域共生社会実現本部決定によれば、

　　「地域共生社会」とは、制度・分野ごとの「縦割り」や「支え手」「受け手」という関係を超えて、地域住民や地域の多様な主体が『我が事』として参画し、人と人、人と資源が世代や分野を超えて『丸ごと』つながることで住民一人ひとりの暮らしと生きがい、地域をともに創っていく社会と定義づけている。

　この地域共生社会の考え方は、生活上の課題の複雑化と複合化という視点と少子高齢と人口減少社会の到来という視点からの背景に基づいて構築されている。背景の要点は以下のとおりである。

　前者の人々の暮らしていくうえでの課題の複雑化・複合化は、高齢化や単身世帯の増加、また社会的孤立などの影響により、人々が暮らしていくうえでの課題は、様々な分野の課題が絡み合って「複雑化」し、また個人や世帯において複数の分野にまたがる課題を抱えるなど「複合化」する。

　例えば、高齢の親と無職独身や障害がある50歳代の子供が同居することによる問題（8050問題）や介護と育児に同時に直面する世帯（ダブルケア）の課題など、解決が困難な課題が浮き彫りになっている。

　これらは、介護保険制度・障害者支援制度・子ども子育て支援制度など、単一の制度のみでは解決が困難な課題であり、対象者別・機能別に整備された公的支援についても、課題を世帯としてとらえ、複合的に支援してい

くことなどが必要となってきている。

　後者は、少子高齢・人口減少という国及び地域が抱えている大きな課題は、国全体の経済・社会の存続の危機に直結する大きな課題である。人口減少により多くの地域では社会経済の担い手の減少を招き、地域の活力や持続可能性を脅かす課題を抱えている。また、人口構造の推移では、2025（令和7）年以降、「高齢者の急増」から「現役世代の急減」に局面が変化する。2025（令和7）年以降の現役世代の人口の急減という新たな局面における課題への対応が必要であり、社会の活力維持向上をどのように図るかが社会保障改革においても重要課題となる。

　これらの社会構造の変化を背景として、地域・家庭・職場といった生活の様々な場において、支え合いの基盤が弱まってきている。暮らしにおける人と人とのつながりが弱まる中で孤立し、生活に困難を抱えながらも誰にも相談できない、あるいは、適切な支援に結びつかないことなどにより、課題が深刻化しているケースが増えている。そこで、暮らしにおける人と人とのつながりを再構築することで、孤立せずにその人らしい生活をおくることができるような社会としていくことが求められている。また、人口減少を乗り越えていくうえで、社会保障や産業などの領域を超えてつながり、地域社会全体を支えていくことが、これまでにも増して重要である。

　このような人々の暮らしの変化や社会構造の変化を踏まえ、人々が様々な地域生活課題を抱えながらも、住み慣れた地域で自分らしく暮らしていけるよう地域住民が支え合い、一人ひとりの暮らしと生きがいを地域とともにつくっていくことのできる「地域共生社会」の実現に向けた体制整備がすすめられている。

　地域共生社会の実現は、制度・分野ごとの「縦割り」では解決できない課題（複合的課題、制度の間など）の存在や社会的孤立・社会的排除への対応、また、地域の「つながり」の弱まりや地域の持続可能性の危機などの諸問題に対応するため『公的支援』と『地域づくり』の仕組み、双方の転換を目指すものである。（全国社会福祉協議会　地域福祉部　p7-8）

第3節　地域福祉の担い手

1）社会福祉協議会

　社会福祉協議会は地域福祉推進の中心的な団体で、国レベル、都道府県レベル、そして市町村レベルで設置されているが、具体的な地域福祉活動を担っているのは市町村社会福祉協議会である。社会福祉協議会は、最初、1951（昭和26）年に国レベルで設立され、社会福祉事業法の制定とともに、国及び都道府県の社会福祉協議会が法定化された。その後、市町村社会福祉協議会も設立されていったが、法定化されたのは1983（昭和58）年のことであった。

　社会福祉協議会は、基本的には国、都道府県、市町村といった行政組織とは独立した民間団体であるが、法律に規定された団体でもあることから行政とは密接な関係をもつ団体であり、法律上におけるその役割も、時代に即して変化してきている。

　現在の社会福祉法で、市町村及び地区社会福祉協議会（指定都市の場合）は109条に、都道府県は110条に、そして全国は111条に規定されている。地域福祉の実践の場に最も近いので、ここでは市町村社会福祉協議会を中心に説明する。

　市町村社会福祉協議会の行うべき事業は社会福祉法第109条に規定されている。

　すなわち、

　①社会福祉を目的とする事業の企画及び実施
　②社会福祉に関する活動への住民の参加のための援助
　③社会福祉を目的とする事業に関する調査、普及、宣伝、連絡、調整及び助成
　④前三号に掲げる事業のほか、社会福祉を目的とする事業の健全な発達を図るために必要な事業

である。

　厚生労働省資料によると、地域福祉活動の最前線である市町村社会福祉協議会は1,807か所、地区社会福祉協議会は130か所設置されていて、ほとんどの市町村には社会福祉協議会が設置されていることになる。

　また、社会福祉協議会の法律上の業務は上記のとおりであるが、同資料は社会福祉協議会は地域の実情に応じて多岐な仕事をしていると述べている。同資料に示されている主な事業は次のとおりである。

　ア　ボランティア活動に関する支援、ボランティアの普及活動
　イ　ふれあいサロンやいきいきサロン等、住民のつながりの場の提供
　ウ　民生児童委員や近隣住民などによる小地域での見守りネットワーク事業
　エ　民間福祉サービスの推進に向けた地域福祉活動計画の策定
　オ　ホームヘルプサービスやデイサービスの運営等、介護保険サービスによる生活支援
　カ　食事サービスや入浴サービスの実施等、高齢者・障害者への生活支援サービス
　キ　日常生活自立支援事業（福祉サービス利用援助事業）
　ク　母子家庭組織への支援、子供会・クラブの組織化等、児童への支援サービス
　ケ　生活福祉資金の貸し付けや各種相談サービス
　コ　共同募金への協力

　社会福祉協議会の仕事は時代の流れや要請によってかなりの変化を遂げてきたのが実情である。すなわち、もともとはコミュニティオーガニゼーション理論の影響を強く受けたり、1962（昭和37）年に制定された「社会福祉協議会基本要項」によって地域組織化活動こそが社会福祉協議会の仕事であると考えられていた時代から、1979（昭和54）年の「在宅福祉サー

ビスの戦略」の発表、そして1992（平成4）年の「新・社会福祉協議会基本要項」の制定を経て、各種在宅福祉サービスの提供も社会福祉協議会の仕事であると考えられるようになったのである。すなわち、上記の社会福祉協議会の様々な仕事は、大きく①地域組織化あるいはコミュニティワークにかかわる仕事、②在宅福祉サービスの仕事と整理ができ、現代の社会福祉協議会は、これらを2本の柱として活動を展開しているのである。

2）民生委員・児童委員

　民生委員の職務は民生委員法に規定されている。この法律によると、民生委員とは、「社会奉仕の精神をもって、常に住民の立場に立って相談に応じ、及び必要な援助を行い、もって社会福祉の増進に努める」ものとされている（第1条）。

　民生委員は都道府県知事の推薦によって、厚生労働大臣がこれを委嘱する（第5条）とされており、また第10条では無給ともされており、民生委員は有給の福祉専門職員ではなく、ボランティアである。また、民生委員は児童福祉法の児童委員も兼務することになっている。主任児童委員という委員も設置されており、これは児童にかかわる問題を専門的な立場から対応する委員である。

　民生委員の職務は民生委員法第14条に次のように規定されている。

①住民の生活状態を必要に応じ適切に把握しておくこと。
②援助を必要とする者がその有する能力に応じ自立した生活を営むことができるように生活に関する相談に応じ、助言その他の援助を行うこと。
③援助を必要とする者が福祉サービスを適切に利用するために必要な情報の提供その他の援助を行うこと。
④社会福祉を目的とする事業を経営する者又は社会福祉に関する活動を行う者と密接に連携し、その事業又は活動を支援すること。
⑤社会福祉法に定める福祉に関する事務所（福祉事務所）その他の関係

　行政機関に協力すること。
　⑥必要に応じ、住民の福祉の増進を図るための活動を行う。

　このように、民生委員の活動は大きく、①相談活動、②行政への協力活動、
③地域の福祉増進のための活動に大きく区分ができる。
　2018（平成30）年の数字を見てみると、全国の民生委員の定数は238,416
人であるが、委嘱数は232,041人と定員を充足していない。
　しかし、近年の無縁高齢者や孤立高齢者の増加と生活支援の必要性を考
えると、民生委員の活動は地域福祉の推進のためにもさらに重要度が増し
てくると思われる。その充実が望まれるところである。

３）NPOとボランティア

　NPOとはnonprofit organization（非営利団体）、すなわち儲けを目的と
はしないで、様々な社会貢献活動に取り組んでいる団体の総称である。ボ
ランティア団体もこの範囲に入るし、社会福祉法人もNPO団体ということ
になる。
　しかし、1995（平成７）年の阪神・淡路大震災の時に大勢の人たちがボ
ランティアとして救援活動を行ったことを契機にして、そのような非営利
の団体が活動しやすいように支援を行う必要性のあることが認識され、「特
定非営利活動促進法」が制定され、一定の基準を満たす団体に対して法人
格の特定非営利活動法人が与えられることになった。その後、NPO法人と
はこの法人を指すようになり、NPOとはこの法人格を持って活動（特定非
営利活動）をする団体を指すようになった。
　特定非営利活動とは、特定非営利活動促進法によって、不特定かつ多数
のものの利益に寄与することを目的として行われる活動で、定められた20
種類の分野で行われる活動のことである。その20種類の分野とは保健、医
療、福祉、社会教育、まちづくり等の20分野である。
　NPO法人となるためには、必要な書類を添付した申請書を所轄庁（都道
府県知事又は指定都市の長）に提出して認証を受けなければならない。

また、示されているNPO法人となるための基準は、

ア　特定非営利活動を行うことを主たる目的とすること
イ　営利を目的としないものであること
ウ　社員の資格の得喪に関して、不当な条件をつけないこと
エ　役員のうち報酬を受ける者の数が、役員総数の３分の１以下であること
オ　宗教活動や政治活動を主たる目的とするものでないこと
カ　特定の公職者（候補者を含む）又は政党を推薦、支持、反対することを目的とするものでないこと
キ　暴力団又は暴力団若しくはその構成員若しくはその構成員でなくなった日から５年を経過しない者の統制下にある団体でないこと
ク　10人以上の社員を有するものであること

である。
　なお、2011（平成23）年の法律改正で「認定NPO法人」の制度が創設され、この法人になると税制上の優遇措置が受けられるようになった。
　このように活動を展開しているNPOは地域福祉推進において重要な位置を占めている。しかし、NPOというものは、その団体の設立者や主導者が自分の問題意識に基づいて活動するものであるので、地域福祉を推進するためにはそれらの活動がばらばらに行われていたのでは非効果的である。したがって、今後、多くの団体の活動の連絡・調整を図り、効果的な活動が展開されるように導いていく機関や組織と、そのための専門職が必要になるであろう。
　また、ボランティア活動も地域福祉の重要な構成要素である。ボランティアとは、「本来は、有志者、志願兵の意味。社会福祉においては、無償性、善意性、自発性に基づいて技術援助、労力提供等を行う民間奉仕者をいう」と定義されている。（社会福祉用語辞典 六訂、2012）ボランティアは共助の有力な担い手である。ボランティアの養成やコーディネートは社会福祉

協議会を中心に行われている。また、特定の問題に関心を持つ人たちが自発的に作り上げたボランティアグループも多い。それぞれのグループが勝手に、バラバラに活動をするのではなく、お互いに連絡を取り合ったり、活動を調整したり、情報を交換するためのまとめの機関や人が必要である。

第4節　地域福祉の推進

1）行政の役割

　先にも述べたように、社会福祉法では地域福祉の具体的なサービスの提供は地域住民、社会福祉を目的とする事業を経営する者、社会福祉に関する活動を行う者とされて（法第4条）、行政の役割は第6条に「福祉サービスの提供体制の確保等に関する国及び地方公共団体の責務」として、次のように規定されている。すなわち、

　　「国及び地方公共団体は、社会福祉を目的とする事業を経営する者と協力して、社会福祉を目的とする事業の広範かつ計画的な実施が図られるよう、福祉サービスを提供する体制の確保に関する施策、福祉サービスの適切な利用の推進に関する施策その他の必要な各般の措置を講じなければならない」

と規定されたのである。

　行政の社会福祉に関する仕事は、①制度の整備に関すること、②具体的なサービスの提供に関すること（例えば、市役所がホームヘルパーを派遣するとか、施設を直接運営するとかである）の2つがあり、もともと行政はこの2つの役割を両方とも担っていたのであるが、この規定により行政は前者の役割をもっぱら担当し、②の役割は民間に担当してもらうということを示したものである。ソーシャルワークの言葉に言い換えると、行政はもっぱらイネイブラーの役割を担当し、サービス提供者の役割からは撤

退するということである。

　このような流れの中で地域福祉に関して行政が取り組むことになったことの１つが「地域福祉計画」の策定である。

２）地域福祉計画と地域福祉活動計画

　もともと社会福祉も含めて行政の仕事は単年度主義で行われ、一年ごとに予算、事業計画の立案、実施が行われてきたが、社会福祉の分野では老人保健福祉計画策定の義務付け（1990（平成２）年）を契機にして長期的な計画策定が行われるようになった。この流れの中で2000（平成12）年の社会福祉法の中にも地域福祉計画が規定されることになった。

　しかし、地域福祉の歴史を見てみると、地域福祉に関する計画の策定と実施には社会福祉協議会がいち早く取り組んでいたことがわかる。市町村が地域福祉計画を策定する以前に多くの市町村社会福祉協議会が自分たちの計画を策定していたのである。この両者を区分するために、行政が策定する計画は地域福祉計画、社会福祉協議会が策定する計画は地域福祉活動計画と呼ぶようになっている。

　さて、地域福祉計画であるが、社会福祉法には第107条に市町村地域福祉計画が、また第108条には都道府県地域福祉支援計画が規定してある。

　第107条の市町村地域福祉計画は、

　「市町村は、地域福祉の推進に関する事項として次に掲げる事項を一体的に定める計画（以下「市町村地域福祉計画」という。）を策定するよう努めるものとする。
　一　地域における高齢者の福祉、障害者の福祉、児童の福祉その他の福祉に関し、共通して取り組むべき事項
　二　地域における福祉サービスの適切な利用の推進に関する事項
　三　地域における社会福祉を目的とする事業の健全な発達に関する事項
　四　地域福祉に関する活動への住民の参加の促進に関する事項
　五　前条第一項各号に掲げる事業を実施する場合には、同項各号に掲げ

る事業に関する事項」

である。

　すなわち、地域福祉計画は地域福祉に関して行政がすべきことの計画であるが、地域福祉は行政と住民が協働のもとに進める福祉であり、地域住民の福祉への参加、協力を推進することが必要である。そのために、地域福祉には具体的な住民による福祉活動を推進する計画である地域福祉活動計画が不可欠である。地域福祉の計画はこの両者がうまくかみ合って進められるものである。

　また、この条文にみられるように、地域福祉計画の策定は市町村に課せられた義務ではないが、地域福祉を総合的に推進していくためには不可欠の計画であり、策定に当たっては住民や関係者の参加が強く求められていること、公表が義務化されていることが特徴である。

3）地域福祉の課題

①行政と住民の協働、あるいは自助・共助・公助を組み合わせる地域福祉は最善（ベスト）な福祉の形態なのか。それとも福祉予算が足りない中での次善の策なのであろうか。どのような福祉の形があれば、誰もが安心して、自分らしく暮らせる社会が実現できるのかの視点からの検討が必要である。

②地域福祉推進における行政と住民の協働、あるいは望ましい役割分担のあり方の検討が必要である。

③住民の福祉活動への参加を進めるためには、その中心的な機関である社会福祉協議会の強化と専門職員の増員が必要である。

引用・参考文献

1）厚生労働省社会・援護局地域福祉課「社会福祉協議会の現状」

2）社会福祉士養成講座編集委員会編（2009）『地域福祉の理論と方法』中央法規

出版

3）杉本敏夫／斉藤千鶴編（2004）『地域福祉論』ミネルヴァ書房

4）社会福祉法人全国社会福祉協議会　地域福祉計画の策定促進に関する委員会
（2019）『地域共生社会の実現に向けた地域福祉計画の策定・改定ガイドブック』
社会福祉法人全国社会福祉協議会　地域福祉部　p7－8

5）中央法規出版編集部（2012）『社会福祉用語辞典　六訂』中央法規出版
p401－402、p544

6）内閣府（2012）特定非営利活動法人制度の仕組み

第9章　社会福祉の担い手

　2019年版高齢社会白書[1]によると、日本の高齢化率（総人口に占める65歳以上の割合）は、28.1％である。1950年の高齢化率は、4.9％であったが、45年後の1995年に14.5％を超え、その後、24年経った2019年には、約2倍の28％を超えた。また、介護保険制度における要介護又は要支援の認定を受けた人（以下「要介護者等」という。）は、2000年4月末には、218万人であったが、5年後の2005年4月末に411万人を超え、2011年には、508万人を超えた。2019年5月末では、659.8万人となっている。

　要介護者数が増えれば、在宅介護サービス事業者や介護施設等の定員数増が必要となり、それと同時に、従事者（人手）も必要となる。社会福祉の従事者、特に介護サービスの業種には、より一層多くの従事者が必要となってきている。

　社会福祉の従事者には、高齢者分野・障害者分野・児童分野で施設系サービスや在宅系サービスで介護や相談の支援業務、保健・看護業務や理学療法士などの医療分野、療養食など栄養管理分野に従事している専門職や民生委員、障害者相談員や保護司など、地域で福祉活動に従事する非専門職もいる。

　この章では、いろいろな分野で福祉の仕事に従事する人々について述べる。

第1節　社会福祉従事者とは

1）専門職と非専門職
　社会福祉の支援の担い手については、専門職と非専門職に分けることができる。

専門職は、社会福祉士、精神保健福祉士、介護福祉士、管理栄養士、看護師、作業療法士、理学療法士、保育士、医師など国家試験に合格する必要のある資格職や栄養士、社会福祉主事や児童福祉司、身体障害者福祉司など養成課程を修了した後の任用資格等や、介護支援専門員においては、法定資格で5年以上従事するなど要件を満たした後、都道府県が実施する試験に合格し所定の研修を修了することで資格を得て職務に従事できるなど、資格制度上の有資格者が多い。

　非専門職は、ボランティア＝無給であることが多く、厚生労働省による一般的な定義として「自発的な意志に基づき他人や社会に貢献する行為」を指してボランティア活動と言われており、活動の性格として、「自主性（主体性）」、「社会性（連帯性）」、「無償性（無給性）」等があげられる。非専門職の職務としては、民生委員・児童委員や保護司、身体障害者相談員、知的障害者相談員、自治会・町内会の校区福祉委員、地区社会福祉協議会などがある。

　社会福祉職に限らず専門職には、専門的な知識や専門的な技術のほか、それぞれの職務に応じた価値観や倫理観が必要とされている。これは、非専門職には、専門的な知識、技術や倫理観が不要である事ではない。

２）施設別従事者

　社会福祉の施設には、多くの種類があり、多職種が従事（表9－1）している。また、職種の中には、資格が必要である場合や、資格の有無を問わない場合もある。

　ここでは、高齢者、児童、障害者分野の代表的な施設を取り上げ、施設の概要と職種、職務内容と従事するために必要な資格について述べる。

⑴　介護老人福祉施設（特別養護老人ホーム）

　介護老人福祉施設は、都道府県知事や政令指定都市などから介護保険法上の指定を受けて事業を行う。設置主体の多くは、社会福祉法人であり、株式会社では設立することができないなどの制限がある。

表9-1　施設の種類別にみた職種別常勤換算従事者数（詳細票）

2017年10月1日現在

職種	総数	保護施設	老人福祉施設	障害者支援施設等	身体障害者社会参加支援施設	婦人保護施設	児童福祉施設等（保育所等を除く）	保育所等	母子・父子福祉施設	その他の社会福祉施設等（有料老人ホーム（サービス付き高齢者向け住宅以外）を除く）	有料老人ホーム（サービス付き高齢者向け住宅以外）
総数	1 007 414	6 293	44 719	101 443	2 796	370	105 263	577 577	206	3 741	165 006
施設長・園長・管理者	48 910	211	3 331	3 688	216	28	6 992	25 226	24	1 036	8 159
サービス管理責任者	3 828	…	…	3 828	…	…	…	…	…	…	…
生活指導・支援員等	84 463	753	4 613	57 597	270	143	13 828	…	3	742	6 514
職業・作業指導員	4 107	75	133	2 720	111	11	454	…	4	274	325
セラピスト	6 216	7	7	929	74	7	3 526	…	4	…	1 537
理学療法士	2 047	2	35	465	25	-	961	…	-	2	557
作業療法士	1 409	-	21	304	23	-	772	…	-	-	285
その他の療法士	2 760	1	76	160	26	7	1 792	…	2	2	696
心理・職能判定員	67	…	…	67	…	…	…	…	…	…	…
医師	3 169	28	135	302	6	5	1 346	1 265	…	4	78
歯科医師	1 233	…	…	…	…	…	81	1 153	…	…	…
保健師・助産師・看護師	44 029	417	2 834	4 870	78	23	10 477	9 488	…	35	15 807
精神保健福祉士	1 145	97	25	879	2	…	…	…	6	0	142
保育士	379 839	…	…	…	…	…	16 830	363 003	…	…	…
保育教諭	65 812	…	…	…	…	…	…	65 812	…	…	…
保育従事者	59 217	…	…	…	…	…	…	59 217	…	…	…
家庭的保育者	16 607	…	…	…	…	…	…	16 607	…	…	…
家庭的保育補助者	320	…	…	…	…	…	…	320	…	…	…
児童生活支援員	110	…	…	…	…	…	110	…	…	…	…
母子支援員	609	…	…	…	…	…	609	…	…	…	…
介護職員	134 258	3 264	17 805	12 019	96	2	…	…	…	54	101 017
栄養士	25 449	198	2 065	2 301	6	17	2 242	17 120	-	2	1 499
調理員	74 997	548	4 811	4 735	16	52	5 745	47 219	-	177	11 687
事務員	36 935	448	4 815	4 911	587	38	4 303	13 271	74	845	7 643
児童発達支援管理責任者	989	…	…	…	…	…	989	…	…	…	…

［出典　厚生労働省2017年　社会福祉施設等調査の概況］

介護老人福祉施設では、入所する要介護者に対し、施設サービス計画（ケアプラン）にもとづき、入浴や排泄、食事などの介護、その他の日常生活上の世話や機能訓練、健康管理、療養上の世話を行う。居室の種類は、4人部屋などの多床室や従来型個室が多い。2002年度より個人のプライバシーを重視した、全室個室型のユニット型特養と呼ばれる10人単位のユニットでケアを行う施設が増え始めた。

　主な職種として、施設長、介護職員、看護職員（正看護師・准看護師）、生活相談員（社会福祉士、社会福祉主事）、施設ケアマネージャー（介護支援専門員）、機能訓練指導員（理学療法士、作業療法士など）、（管理）栄養士、医師、調理師などが職務についている。代表的な職種の職務内容を表9－2で示す。

表9－2　介護老人福祉施設の主な職種・職務内容と資格

主な職種	主な職務内容	従事するために必要な資格
施設長	施設全般の管理　人事・財務管理など	社会福祉主事、社会福祉施設長資格認定講習会を受講した者など
介護職員	施設ケアマネージャーが作成する介護計画（ケアプラン）に基づき、介護（食事介助、入浴介助、排泄介助）やレクリエーション、クラブ活動などの余暇活動を行う。	介護福祉士、介護初任者研修了者（旧制度ヘルパー１級から３級）実務者研修修了者など
生活相談員	日常生活上の相談、行政手続きや病院受診、送迎などを行うことが多い。	社会福祉士・社会福祉主事など
施設ケアマネージャー	施設生活の基となる介護計画（ケアプラン）を作成するために、職種間の連携を図りながら、家族とのサービス担当者会議の開催、アセスメント、ケアプラン作成、モニタリング、プラン見直しを繰り返し行う。	介護支援専門員
（管理）栄養士	栄養のバランスを考えた献立を作成し、食材の発注や調理、体調などに合わせて、トロミ食、きざみ食など、食べやすい形態を考える。また、管理栄養士は、低栄養状態などのリスクの有無や栄養面の課題を把握し、栄養ケア計画を作成し、栄養ケア・マネジメントを実施する。	栄養士、管理栄養士

表9−3　児童養護施設の主な職種・職務内容と資格

主な職種	主な職務内容	従事するために必要な資格
児童指導員	家庭の事情や障害があるために家族による養育が困難な18歳までの児童を保護者に代わり、児童養護施設で生活指導を行う。	社会福祉士・精神保健福祉士・教諭免許状の資格取得者・児童福祉施設での3年以上の実務経験者など
個別対応職員	虐待を受けた児童やDVなどの被害を受けた母子などに対し、集団では対応できない部分を個々にケアを行う。	特になし
家庭支援専門相談員	児童相談所と連携し、入所児童の早期家庭復帰、里親委託等を目的として相談・指導を行う。	社会福祉士、精神保健福祉士、施設での実務経験者、児童福祉司

(2)　児童養護施設

　児童養護施設は、児童福祉法第41条により保護者のない児童（乳児を除く。ただし、安定した生活環境の確保その他の理由により特に必要のある場合には、乳児を含む。）、虐待されている児童その他環境上養護を要する児童を入所させて、これを養護し、あわせて退所した者に対する相談その他の自立のための援助を行うことを目的とする施設である。具体的には、児童に食事や入浴、清掃などの基本的な生活指導から学校生活に関する相談、勉強の指導などを行う。設置主体の多くは、市町村や社会福祉法人等である。

　主な職種として、施設長、児童指導員・保育士（年齢により配置基準がある）、嘱託医、個別対応職員、家庭支援専門相談員、栄養士、調理員、看護師（配置基準あり）が職務についている。必要によっては、心理療法担当職員や職業指導員が配置されている。代表的な職種の職務内容を表9−3で示す。

(3)　児童自立支援施設

　不良行為を行ったか、またはそのおそれがある児童、家庭環境等の環境上の理由により生活指導が必要な児童を入所させ、または保護者の下から

表9-4　児童自立支援施設の主な職種・職務内容と資格

主な職種	主な職務内容	従事するために必要な資格
児童自立支援専門員	個々の児童の状況に応じて必要な指導を行い、自立の支援を行う。	医師であって精神保健の学識経験を有する者、社会福祉士、厚生労働省の指定する養成機関を卒業した者、大学等で指定科目を履修・卒業し児童自立支援事業で1年以上の実務経験者など
児童生活支援員	個々の児童の状況に応じて必要な指導を行い、生活の支援を行う。24時間ともに共同生活を送りながら、社会で生きる力を身に付けられるように指導・支援を行う。	保育士、社会福祉士、又は児童自立支援事業で3年以上の実務経験者など

通わせて、必要な指導を行い、自立を支援する。個々の児童の状況に応じて必要な指導を行い、適切な生活と教育環境のもと、生活指導や学校教育、職業指導などが行われる。施設を退所した児童に対しても必要な相談や援助を行う。設置主体は、都道府県や政令市が多い。

　主な職種として、児童自立支援専門員、児童生活支援員、教員、栄養士、調理員、医師、職業指導員などが職務についている。代表的な職種の職務内容を表9-4で示す。

(4)　救護施設

　救護施設は、生活保護法第38条第2項により身体上又は精神上著しい障害があるために日常生活を営むことが困難な要保護者を入所させて、生活扶助を行うことを目的とする施設である。主に障害のため、日常生活が困難な要保護者が、生活扶助を受けるための入所施設である。日常生活支援として、介護サービス、健康管理、相談援助、リハビリなどの身体機能回復訓練、日常生活動作・生活習慣等の訓練や就労支援、作業活動などを行っている。

　身体障害者、知的障害者、精神障害者など障害で区別することなく、入

所が可能である。

　主な職種として、生活指導員、介護職員、理学療法士、作業療法士、看護師、栄養士、調理員、嘱託医などが職務についている。

(5)　就労継続支援A型事業所・就労継続支援B型事業所

就労継続支援A型事業所[2]

　一般の企業・事業所などに雇用されることが困難な障害者に対し、雇用契約にもとづき、就労に必要な知識と能力の向上を図る訓練などを行う事業所で、一般の企業・事業所に雇用されることが困難な障害者のうち、適切な支援により雇用契約などにもとづいて就労する人に対し、生産活動の機会の提供や就労に必要な知識、能力の向上のための訓練を行う。

就労継続支援B型事業所[2]

　就労に必要な知識と能力の向上を図る訓練などを行う事業所で、一定年齢に達していたり心身の状態などの事情により一般の企業・事業所に雇用されることが困難になった、または就労移行支援によっても一般の企業・事業所に雇用されるに至らなかった人などに対し、生産活動の機会の提供など就労に必要な知識や能力の向上のための訓練を行う。

　共通する主な職種として、職業指導員、生活支援員などが職務についている。両者の代表的な職種を表9－5で示す。

表9－5　就労継続支援事業所の主な職種・職務内容と資格

主な職種	主な職務内容	従事するために必要な資格
職業指導員	職業指導員は、仕事をする上での技術や基礎能力を習得する訓練や対人関係などのマナーを身に付け、障害者等がその適性や能力等に応じた職業選択を行うことができるように相談・助言・情報提供などを行う。	社会福祉士、精神保健福祉士、社会福祉主事など
生活支援員	個々の障害者の状況に応じて健康管理などの指導や、生活上での相談支援を行う。生産活動やサービス管理責任者の補助業務を行うことも多い。	保育士、社会福祉士。児童自立支援事業で3年以上の実務経験者

表9-6　母子生活支援施設の主な職種・職務内容と資格

主な職種	主な職務内容	従事するために必要な資格
母子支援員	夫との離婚などで経済的に困窮している者やDVなどで避難する必要性がある18歳未満の子どもを持つ女性に対して、自立のための就職支援、生活支援等や行政等と連絡調整などを行う。	保育士、社会福祉士、精神保健福祉士、社会福祉主事、児童福祉の分野での2年以上の実務経験者
少年指導員	少年指導員は、子どもの学習や生活の指導などを行う。子どもの成長段階、発達段階に応じた支援や子どもが自立に必要な力を身につけるために、学習や進路、学校生活の悩み等への相談支援を行う。	児童指導員など

(6)　母子生活支援施設

　母子生活支援施設は、児童福祉法（1947年）第38条により、配偶者のない女子又はこれに準ずる事情にある女子及びその者の監護すべき児童を入所させて、これらの者を保護するとともに、これらの者の自立の促進のためにその生活を支援し、あわせて退所した者について相談その他の援助を行うことを目的とする施設である。18歳未満の子どもを養育している母子家庭などが対象となり、必要であれば、子どもが20歳に達するまで利用が可能である。基本的には、母子を保護し、自立を支援するための相談に応じ、生活や就労・児童に関する相談及び助言を行っている。

　主な職種として、母子支援員、少年指導員、保育士、調理員、医師などが職務についている。代表的な職種の職務内容を表9-6で示す。

第2節　社会福祉従事者　資格と概要

1）専門職の資格制度について

　社会福祉施設においては、1948年制定の児童福祉法の保母資格（保育士）や1950年制定の社会福祉主事の資格で多くの者が従事していたが、社会福祉士及び介護福祉士法（1987年）の制定により社会福祉の専門家として、

社会福祉士や介護福祉士の資格が誕生した。また、精神保健福祉士法（1997年）の制定により、精神障害者への相談・支援を専門的に行う精神保健福祉士の資格が誕生し、社会福祉の資格専門職化が進んだ。

　ここでは、それぞれの資格について、概要と資格取得方法について述べる。

(1)　社会福祉士

　社会福祉士は、「社会福祉士及び介護福祉士法（1987年法律第30号）」に基づく名称独占の国家資格である。社会福祉士は、専門的知識及び技術を

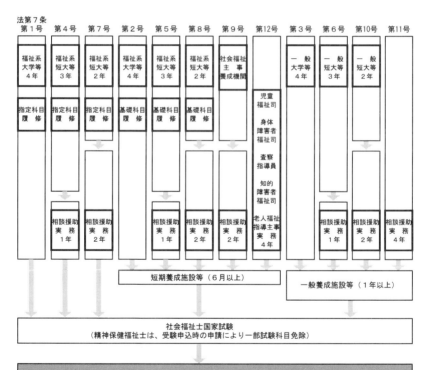

図9－1　社会福祉士の資格取得方法
〔出典　公益財団法人社会福祉振興・試験センター[3]〕

もって、身体上若しくは精神上の障害があること又は環境上の理由により日常生活を営むのに支障がある者の福祉に関する相談に応じ、助言、指導、福祉サービスを提供する者又は医師その他の保健医療サービスを提供する者その他の関係者との連絡及び調整その他の援助を行うことを業とする者をいう。社会福祉士の資格取得方法については、図9－1で示す。

(2) 介護福祉士

　介護福祉士は、「社会福祉士及び介護福祉士法（1987年法律第30号）」に基づく名称独占の国家資格である。介護福祉士は、専門的知識及び技術をもって、身体上若しくは精神上の障害があることにより日常生活を営むのに支障がある者につき心身の状況に応じた介護を行い、介護者に対して介護に関する指導を行うことを業とする者をいう。介護福祉士の資格取得方法については、図9－2で示す。

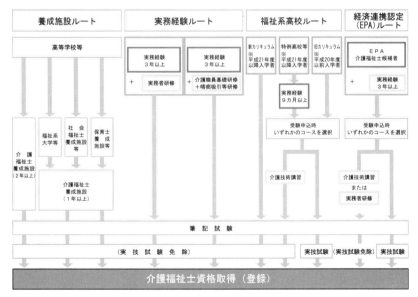

図9－2　介護福祉士の資格取得方法
〔出典　公益財団法人社会福祉振興・試験センター[4]〕

⑶　精神保健福祉士

　精神保健福祉士は、精神保健福祉士法（1997年法律第131号）に基づく名称独占の国家資格である。精神保健福祉士は、精神障害者の保健及び福祉に関する専門的知識及び技術をもって、精神科病院その他の医療施設において精神障害の医療を受け、又は精神障害者の社会復帰の促進を図ることを目的とする施設を利用している者の地域相談支援の利用に関する相談その他の社会復帰に関する相談に応じ、助言、指導、日常生活への適応の

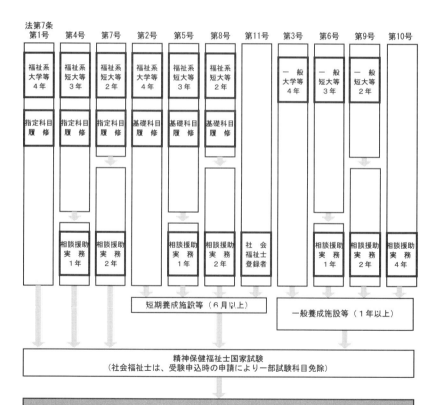

図9−3　精神保健福祉士の資格取得方法
〔出典　公益財団法人社会福祉振興・試験センター[5]〕

ために必要な訓練その他の援助を行うことを業とする者をいう。精神保健
福祉士の資格取得方法については、図9-3で示す。

⑷　保育士

　保育士とは、児童福祉法第18条の18第1項の登録を受け、保育士の名称
を用いて、専門的知識及び技術をもって、児童の保育及び児童の保護者に
対する保育に関する指導を行うことを業とする者をいう。

　資格取得方法は、①都道府県知事の指定する保育士を養成する学校その
他の施設で所定の課程・科目を履修し卒業または、②保育士試験に合格す
ることで得られる。

⑸　理学療法士・作業療法士・言語聴覚士
①理学療法士（Physical Therapist　PT）

　理学療法士は、病気やけがや高齢、障害などによって運動機能が低下し
た状態にある人に対し、基本的な動作能力（座る、立つ、歩くなど）の回
復や維持、および障害の悪化の予防のため、運動療法や物理療法（温熱、
電気、牽引などの物理的手段を治療目的に利用するもの）などを用い、関
節可動域の拡大や筋力の強化、麻痺の回復、痛みの軽減など運動機能に直
接働きかける治療から動作練習、歩行練習などの能力向上をめざす治療ま
でを行い、自立した日常生活を送ることができるよう、支援する医学的リ
ハビリテーションを業とする者をいう[6]。

　資格取得方法として、理学療法士の国家試験を受験するためには、養成
校で3年以上学び、必要な知識と技術を身につけることが必要である。養
成校には4年制大学、短期大学（3年制）、専門学校（3年制、4年制）
などがある。

②作業療法士（Occupational Therapist　OT）

　作業療法士は、身体や精神に障害のある人を対象に、主としてその応用
的動作能力、または社会的適応能力の回復を図るため、医師の指示のもと、
治療や指導、援助を行う。具体的には、先天的な心身の障害や病気、事故

などにより、治療後、何らかの障害が残った機能を最大限に回復させるた
め、起居動作・移乗・移動・食事・更衣・排泄・入浴・整容などの日常生
活動作（ADL）や絵画、陶芸、木工、金工、手工芸、園芸、織物、遊びな
どを通じて手先の訓練や治療を行い、補装具や備品の改良、環境の改善に
ついても指導を業とする者をいう[7]。

　資格取得方法として、作業療法士の国家試験を受験するためには、養成
校で3年以上学び、必要な知識と技術を身につけることが必要である。養
成校には4年制大学、短期大学（3年制）、専門学校（3年制、4年制）
がある。

③言語聴覚士（Speech-Language-Hearing Therapist　ST）

　言語聴覚士は、音声機能や言語機能、または聴覚に障害がある人を対象
にその機能の維持・向上を図るため、言語訓練、その他の訓練をはじめ、
必要な検査や助言、指導などの援助を行う。言語・聴覚障害の代表的なも
のには①聞こえの障害（自分の声や相手の言葉が聞き取れない）、②言語
機能の障害（「言語発達障害：言葉が年齢相応に育たない」、「失語症：言
葉が出てこないなど」、「高次脳機能障害：記憶や注意、認知などの機能の
損傷」）、③話し言葉の障害（「声の障害：声のかすれや声が出ない」、「発
音の障害：発音を誤ったり、ゆがんだり、ろれつが回らない」）、④摂食・
嚥下障害（食べたり、飲み込んだりできない）があり、日常生活を送るう
えで大きな障害となる。このような言葉によるコミュニケーションに問題
がある人や摂食・嚥下の問題がある人に対し、言語療法を行い、よりよい
生活を送ることができるよう、支援することを業とする者をいう[8]。

　資格取得方法として、文部科学大臣指定（認定）医療関係技術者養成学
校（3～4年制の大学・短大）または都道府県知事が指定する言語聴覚士
養成所（3～4年制の専修学校）を卒業することで受験資格が得られる。
一般の4年制大学卒業者の場合は、指定された大学・大学院の専攻科また
は専修学校（2年制）を卒業することで国家試験の受験資格が得られる。

⑹　栄養士・管理栄養士

　栄養士は、栄養学に基づき、食生活に関する栄養指導や献立の作成、食材の発注、食事指導など集団の栄養・食事の管理指導を行う。管理栄養士は、より専門的な知識を必要とする栄養指導、集団の栄養・食事の管理指導を行う。具体的には、傷病者に対する療養に必要な栄養指導、個人の身体状況や栄養状態などに応じた高度の専門的な知識と技術を要する健康の保持・増進のための栄養指導、特定多数の人に継続的に食事を供給する施設における利用者の身体状況や栄養状態、利用状況などに応じた特別の配慮を必要とする給食管理、およびこれらの施設に対する栄養改善上、必要な指導などを行う[9]。

　資格取得方法として、栄養士は、厚生労働大臣から認可された栄養士養成施設に入学し卒業することで資格を得られる。栄養士養成施設には、修業年限4年の大学（管理栄養士養成施設と栄養士養成施設の2つがある）、修業年限2年の短期大学および修業年限4年・3年・2年の各種・専門学校がある。

　管理栄養士は、修業年限が2年である栄養士養成施設を卒業して、栄養士の免許を受けた後、厚生労働省令で定める施設において3年以上栄養の指導に従事した者、修業年限が3年である栄養士養成施設を卒業して、栄養士の免許を受けた後、厚生労働省令で定める施設において2年以上栄養の指導に従事した者、修業年限が4年である栄養士養成施設を卒業して、栄養士の免許を受けた後、厚生労働省令で定める施設において1年以上栄養の指導に従事した者、修業年限が4年である管理栄養士養成施設を卒業した者が国家試験の受験資格が得られる。

⑺　社会福祉主事

　社会福祉主事とは、福祉事務所現業員として任用される者に要求される資格（任用資格）であり、社会福祉施設職員等の資格に準用されている。職種としては、現業員、査察指導員、老人福祉指導主事、家庭児童福祉主事（児童福祉事業従事2年以上等）、家庭相談員（児童福祉事業従事2年

以上等）、母子相談員、知的障害者福祉司（知的障害者福祉事業従事2年以上等）、身体障害者福祉司（身体障害者福祉事業従事2年以上等）、児童福祉司（児童福祉事業従事2年以上等）、社会福祉施設施設長、生活指導員等に従事することができる。社会福祉主事の資格取得方法については、図9－4で示す。

(8)　介護支援専門員

介護支援専門員とは、要介護者や要支援者の人の相談や心身の状況に応じるとともに、介護保険サービス（訪問介護、デイサービスなど）を受け

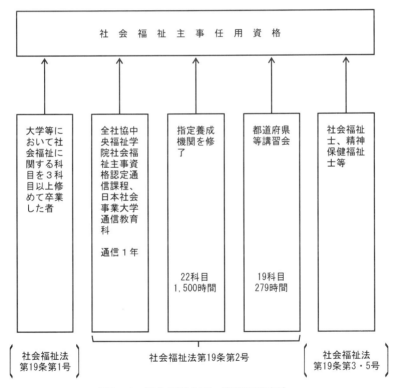

図9－4　社会福祉主事　資格取得方法
〔出典　厚生労働省　社会福祉主事任用資格の取得方法[10)]〕

られるようにケアプラン（介護サービス等の提供についての計画）の作成や市町村・サービス事業者・施設等との連絡調整を行う者をいう。

　資格取得方法として、保健医療福祉分野での実務経験（医師、歯科医師、薬剤師、保健師、助産師、看護師、准看護師、理学療法士、作業療法士、視能訓練士、義肢装具士、歯科衛生士、言語聴覚士、あん摩マッサージ指圧師、はり師、きゅう師、柔道整復師、栄養士（管理栄養士を含む）、社会福祉士、介護福祉士、精神保健福祉士、相談援助業務等従事者）が５年以上である者などが、介護支援専門員実務研修受講試験に合格し、介護支援専門員実務研修の課程を修了することで、資格が得られる。

２）非専門職とボランティアと地域福祉を担う人々

　厚生労働省は、地域包括ケアシステムの実現に向けて、今後、認知症高齢者や単身高齢世帯等の増加に伴い、医療や介護サービス以外にも、在宅生活を継続するための日常的な生活支援（配食・見守り等）を必要とする人の増加が見込まれ、そのためには、行政サービスのみならず、NPO、ボランティア、民間企業等の多様な事業主体による重層的な支援体制を構築することが必要であると述べている。地域包括ケアを実現するためには、社会福祉を担う人々として資格職の専門職ではない、ボランティアの「非専門職」の力が欠かせない。ここでは、地域福祉を担っている社会福祉の従事者である「非専門職」について述べる。

⑴　民生委員・児童委員

　民生委員は、民生委員法（1946年）に、社会奉仕の精神をもって、常に住民の立場に立って相談に応じ、及び必要な援助を行い、社会福祉の増進に努めるものとするとあり、また、民生委員は、常に人格識見の向上と、その職務を行う上に必要な知識及び技術の修得に努めなければならないと定められている。

　民生委員法は、要件となる資格は無く、都道府県知事の推薦を受けて厚生労働大臣から委嘱され、地域住民の福祉にかかわる相談に応じたり、情

報の提供を行うことを業とする。また、児童福祉法（1947年）第16条には、民生委員法による民生委員は、児童委員を兼務することが明記されており、児童委員は、市町村の区域に置かれ、地域の子どもたちが元気に安心して暮らせるように、子どもたちを見守り、子育ての不安や妊娠中の心配ごとなどの相談・援助等を行う。

(2)　身体障害者相談員

　身体障害者相談員は、身体に障害のある者の更生援護の相談に応じ、必要な指導を行うとともに、身体障害者地域活動の推進、関係機関の業務に対する協力、身体に障害のある者に関する援護思想の普及等身体に障害のある者の福祉の増進に資することを目的とし、身体障害者地域活動の中核体となり、その活動の推進を図っている。

(3)　知的障害者相談員

　知的障害者相談員は、知的障害者又はその保護者が、障害者の日常生活及び社会生活を総合的に支援するための障害福祉サービス事業や一般相談支援事業その他の知的障害者の福祉に関する事業に係るサービスを円滑に利用することができるように配慮し、これらのサービスを提供する者その他の関係者等との連携を保つよう努めている。

(4)　保護司

　保護司は、社会奉仕の精神をもって、犯罪をした者及び非行のある少年の改善更生を助けるとともに、犯罪の予防のため世論の啓発に努め、地域社会の浄化をはかり、個人及び公共の福祉に寄与することを使命としている。また、犯罪をした者及び非行のある少年の改善更生を助け、犯罪の予防を図るための啓発及び宣伝の活動、民間団体の活動への協力なども行っている。保護司法により、法務大臣から委嘱された非常勤の国家公務員で、給与は支給されない。

第3節　今後の課題

　2015年度版厚生労働白書によると、日本の人口は、戦後、増加傾向にあったが、2008年の１億2,808万人をピークに人口減少が始まり、このペースで進むと2050年には、人口が１億人を下回り、2100年には、約5,000万人まで減少すると推計されている。これからの日本の人口が減少していくにつれて、急激に高齢化率が上昇することに視点を向けなければならない。この章の冒頭に述べたが、2019年に高齢化率が28％を超え、2060年の推計では、高齢化率は約40％まで上昇し、ほかの国に例を見ない超高水準に至ると推計され、高齢化の進行スピードが急激に上がることになる。第７期（2018～2020）介護保険事業計画の介護サービス見込み量等に基づき、都道府県が推計した介護人材の需要は、2020年度末には約216万人、2025年度末には約245万人が必要となることが予想されている。2016年度の約190万人に加え、2020年度末までに約26万人、2025年度末までに約55万人、年間６万人程度の介護人材を確保する必要がある。社会保障審議会介護保険部会（第79回・2019年７月）の資料[11]には、介護人材の確保・介護現場の早急な人材確保を行うために、国においては、①介護職員の処遇改善、②多様な人材の確保・育成、③離職防止・定着促進・生産性向上、④介護職の魅力向上、⑤外国人人材の受入環境整備など総合的な介護人材確保対策に取り組むことを挙げている。

　この節では、介護職員処遇改善、多様な人材確保対策、外国人の受入れについて述べる。

１）介護職員処遇改善加算・特定処遇改善加算について

　2011年度まで実施されていた介護職員処遇改善交付金は、2012年度に交付金から加算となり、介護職員処遇改善加算が創設された。2015年度より、事業主が介護職員の資質向上や雇用管理の改善をより一層推進し、介護職員が積極的に資質向上やキャリア形成を行うことができる労働環境を整備

するとともに、介護職員自身が、研修等を積極的に活用することにより介護職員の社会的・経済的な評価が高まっていく好循環を生み出していくことが重要であることを踏まえ、事業主の取組がより一層促進されるよう加算の拡充が図られた。2017年の介護報酬改定では、介護人材の職場定着の必要性、介護福祉士に期待される役割の増大、介護サービス事業者等による昇給や評価を含む賃金制度の整備・運用状況などを踏まえ、事業者による、昇給と結びついた形でのキャリアアップの仕組みの構築を促すため、さらなる加算の拡充が行われ、キャリアパスの算定要件を満たす内容により、加算（Ⅰ）月額3.7万円相当、加算（Ⅱ）月額2.7万円相当、加算（Ⅲ）月額1.5万円相当の賃金改善が行われることになった[12]。

　また、勤続10年以上の介護福祉士を基本とし、経験・技能のある介護職員において「月額8万円」の改善又は「役職者を除く全産業平均水準（年収440万円）」を設定し賃金水準を確保することで、リーダー級の責任ある職階の介護職員について他産業と遜色ない賃金水準の実現を進めることをねらいとし、2019年10月に介護職員等特定処遇改善加算が創設された[13]。

　この介護職員処遇改善加算並びに特定処遇改善加算は、読んで字のごとく、加算である。この加算は、利用者や入居者が選択できるものではないため、利用料が増加する要因となっており、職員給与改善分を直接、利用者や入居者に課している。事業所（職員）側にとっては、給与を上げる原資となる加算であるが、利用者側は、介護サービスの利用回数などのサービス量が増えれば増えるほど、利用料負担が多くなるものであり、年金収入のみの低所得者にとっては、消費税の増税による負担増もあり、出費が増える要因になっている。

　またこの加算は、利用者数が多い事業所や入居定員の多い施設のほか、事業所数や施設数が多い大規模の法人は、多額の加算が収入として増えるので、職員一人当たりの配分額が多くなる。1法人1施設の小規模法人や、少人数のデイサービス1か所のみで事業を行っている法人などは、加算額が少ないので、自ずと配分額も少なくなる。処遇改善加算は、事業規模に左右される加算ではなく、常勤換算の配置職員数による平等な処遇改善と

し、小規模または大規模に所属する職員にも公平な処遇改善となるような
制度にする必要があると考える。

２）多様な人材確保対策

　社会保障審議会介護保険部会（第79回・2019年７月）の資料[11]（介護人
材の確保・介護現場の革新）には、多様な人材の確保・育成を都道府県や
社会福祉協議会、関係団体が実施主体となって、国からの補助や地域医療
介護総合確保基金を活用しながら、介護職を目指す学生の修学や介護分野
への就労支援に加え、元気な高齢者をはじめ介護未経験者に対する介護業
務の入門的な研修の実施・受講者と事業所とのマッチングなど、介護人材
のすそ野を拡げ、多様な人材の参入を促進する取組を進め、人材確保の対
策を行うことが記されている。

　また、2017年度全国厚生労働関係部局長会議資料[14]（2018年１月開催）
によると、介護未経験者の介護分野への参入のきっかけを作るとともに、
介護に関する様々な不安を払拭するため、介護業務の入門的な知識・技術
の修得のための研修を導入し、中高年齢者など多様な人材の参入を促進す
るために、入門的研修の実施から研修受講後の介護施設・事業所とのマッ
チングを行い、介護分野での雇用につなげていく。また、地域住民や学校
の生徒に対する介護や介護の仕事の理解促進を行い、若者・女性・高齢者
など多様な世代を対象とした介護の職場体験を行ったり、高齢者など地域
の住民による生活支援の担い手の養成や介護未経験者に対する研修支援な
どを行っている。その他には、ボランティアセンターとシルバー人材セン
ター等の連携強化や介護事業所におけるインターンシップ等の導入促進や
養成施設の学生が在校していた中学校や高校を中心に、介護に関する教育
機関として、介護の専門性や意義などを伝達するための出前講座の実施な
どの取組を推進している。

　JILPT労働政策フォーラム（2018年10月）の「人手不足・人材不足に立
ち向かうための取り組み」の資料[15]によると、人材定着率を上げる対策と
して「人間関係をよくする」ことを挙げている。これは、今回の人材確保

対策では、あまり触れられていない部分であり、介護領域のイメージアップや給与の改善、介護ロボット・ICTの推進も必要であるが、「職場の人間関係をよくする」ための管理者教育や職場でのコミュニケーションの取り方、職場環境の改善など職場の在り方について、もっと考える必要があるのではないかと考える。

3）外国人の受入れ

　2016年11月に「出入国管理及び難民認定法の一部を改正する法律」（2016年法律第88号）が公布され、我が国の介護福祉士養成施設を卒業して介護福祉士国家資格を取得した留学生に対して、国内で介護福祉士として介護又は介護の指導を行う業務に従事することを可能とする在留資格「介護」が新たに創設され、2017年9月1日から施行された。また、新たな外国人材の受入れのための在留資格「特定技能」は、2019年4月1日に施行され、深刻化する人手不足に対応するため、生産性向上や国内人材の確保のための取組を行ってもなお人材を確保することが困難な状況にある産業上の分野において、一定の専門性・技能を有する外国人材を受け入れる制度である。

　厚生労働省の外国人介護職員の雇用に関する介護事業者向けガイドブック（2019発行三菱UFJリサーチ＆コンサルティング株式会社）[16]によると、介護事業者が外国人介護職員を雇用する方法の一つであるEPAに基づく介護福祉士候補者の受入れは、2008年度から始まっており、その受入れ人数は年々増加し、2018年度までに4,302人を受入れ、EPA介護職員（EPA介護職員＝「日インドネシアEPA」、「日フィリピンEPA」または「日ベトナムEPA」に基づき、介護福祉士候補者または介護福祉士として雇用されている外国人介護職員をいう）は、過去808か所の施設等で雇用されてきている。2019年1月現在、EPA介護職員は、677か所の施設等において3,165人が雇用されている。雇用されている者の中には、介護福祉士の資格を取得して日本の介護事業所で働くため、日本の介護福祉士養成校に留学するケースも出てきている。また、介護職種の技能実習計画の申請が行われ、

技能実習生として、順次入国している。

　これら外国人介護人材の受入れに関して、国は、人材不足への対応ではないと述べており、EPA（経済連携協定）による経済活動の連携強化を目的とした特例的な受入れ、「技能実習」としての日本から相手国への技能移転を目的にした受入れや専門的・技術的分野への外国人人材の受入れであるとしている。業界全体が人手不足という日本の介護業界に、技能実習としての受入れや専門的技術への外国人人材を雇用できることは、大変喜ばしいことであるが、日常会話を話せる程度で、来日している外国人が多いといわれている。今の福祉の現場は、介護技術も重要だが、コミュニケーション力が重要であり、外国人の多くは、日本語の理解に困難を感じているのが、現状である。外国人の介護人材の多くは、特別養護老人ホームや介護老人保健施設などの施設系で雇用されており、特別養護老人ホームは、要介護３以上の重度の要介護者が多く入居しており、言葉がうまく発することができない入居者や方言がある高齢者とのコミュニケーションや認知症の症状がある入居者とのコミュニケーションは、われわれ日本人でも難しく感じることがある。また、話している言葉の裏側を深読みすることも含め、本人の意思を汲み取る力が必要となるときもある。さらに、施設の運営管理を行う立場から見ると、出身国による文化や生活、習慣を理解することが必要であり、生活全般、メンタルケア、介護技術や日本語の指導などを専門的に担当するスタッフも必要となる。以上のことから考えると、外国人の受入れに関して、人材育成にお金をかけることができる経営基盤の安定した大きな規模の法人が雇用できる制度のように感じる。小規模で人員配置に余裕がない事業所も、外国人介護人材の受入れができるような制度になることを望む。

引用・参考文献

１）厚生労働省　2019年高齢社会白書
２）障害者の日常生活及び社会生活を総合的に支援するための法律に基づく障害福

祉サービス事業の設備及び運営に関する基準（2006年厚生労働省令第百七十四号）

3）公益財団法人社会福祉振興・試験センター　http://www.sssc.or.jp/shakai/shikaku/route.html（最終アクセス2019年12月17日）

4）公益財団法人社会福祉振興・試験センター　http://www.sssc.or.jp/kaigo/shikaku/route.html（最終アクセス2019年12月17日）

5）公益財団法人社会福祉振興・試験センター　http://www.sssc.or.jp/seishin/shikaku/route.html（最終アクセス2019年12月17日）

6）公益社団法人日本理学療法士協会　http://www.japanpt.or.jp/（最終アクセス2019年12月17日）

7）独立行政法人福祉医療機構　福祉のしごとガイド　作業療法士（OT）https://www.wam.go.jp/（最終アクセス2019年12月17日）

8）独立行政法人福祉医療機構　福祉のしごとガイド　言語聴覚士（ST）https://www.wam.go.jp/（最終アクセス2019年12月17日）

9）独立行政法人福祉医療機構　福祉のしごとガイド　栄養士・管理栄養士　https://www.wam.go.jp/（最終アクセス2019年12月17日）

10）厚生労働省社会福祉主事任用資格の取得方法　https://www.mhlw.go.jp/stf/seisakunitsuite/bunya/hukushi_kaigo/seikatsuhogo/shakai-kaigo-fukushi1/shakai-kaigo-fukushi9.html（最終アクセス2019年12月17日）

11）社会保障審議会　介護保険部会(第79回)資料「看護人材の確保・介護現場の革新」

12）厚生労働省老健局長 老発0322第2号　介護職員処遇改善加算に関する基本的考え方並びに事務処理手順及び様式例の提示について（2018）

13）内閣府閣議決定　新しい経済政策パッケージ5．介護人材の処遇改善（2017）

14）全国厚生労働関係部局長会議「老健局　重点事項説明資料」（2017）

15）独立行政法人　労働政策研究・研修機構「『人手不足』・『人材不足』に立ち向かうための取り組み」https://www.jil.go.jp/event/ro_forum/20181030/houkoku/01_kicho.html（最終アクセス2020年3月5日）

16）厚生労働省「外国人介護職員の雇用に関する介護事業者向けガイドブック」(2019)

第10章　社会福祉の実践と方法

第1節　社会福祉実践の現状

1）社会福祉における実践

　今日までの社会福祉実践の転換期の一つとして、1998年の社会福祉基礎構造改革による措置制度から契約制度への転換がある。措置制度とは、行政が社会福祉サービスを必要とする人への必要性を判断して、社会福祉サービスの種類や提供する福祉施設を決定する仕組みである。契約制度とは、社会福祉サービスを利用する利用者主体による選択と契約を行う仕組みであり、措置制度から契約制度への転換に伴い、2000年に高齢者福祉の分野では介護保険制度が障害者福祉分野では支援費制度（現行：障害者総合支援法）が誕生し、ケアマネジメントの概念が導入された。そしてこのケアマネジメントについて渡辺（2013）は、「利用者のニーズと資源のバランスを考え、フォーマルサポートと呼ばれる公的サービスとインフォーマルサポートの両方を考慮すること」を挙げている。今日の社会福祉実践において、インフォーマルサポートに関する社会資源の情報収集や開発、ネットワーキングが求められており、地域包括支援センターに社会福祉士が配置されているのはそのためである。

　そのような社会福祉実践がより求められるようになった背景として、わが国が世界でも類を見ない早さで少子高齢化が起きていることが考えられる。団塊の世代が75歳以上となる2025年には高齢者の5人に1人が認知症になると推測され、認知症に優しい地域をつくることが急務とされている。そして、現在、認知症の当事者の会や家族会、認知症カフェ等、認知症のことを安心して相談できる環境や同じ境遇の仲間と出会える場づくり等、認知症である当事者とともにニーズに即した取り組みが求められている。

そのような社会福祉実践が、地域社会に対して認知症を知る・学ぶ機会を増やし、認知症に対するイメージを変化させ、認知症とともに生活を送ることが可能な社会づくりへと発展していくきっかけになるのではないだろうか。福祉や医療の専門職だけでなく、地域の商店や銀行、公共交通機関等と協働することで、認知症に優しい地域づくりが認知症の当事者とともに開発され、個別支援を通じた地域や社会へとミクロ・メゾ・マクロの視点で展開される社会福祉実践が生まれてくることが期待される。

　ここまで、高齢者福祉分野の例をもとに社会福祉実践を説明してきたが、このように個人とその環境の相互作用に着目しながら、ミクロだけでなく、メゾやマクロの領域がどのような現状になっているかを捉えた点でアプローチを行う社会福祉実践が求められており、このようなソーシャルワークをジェネラリスト・ソーシャルワークと呼ぶ。ジェネラリスト・ソーシャルワークについては、本節３）「昨今におけるソーシャルワーク実践の動向」で改めて触れることとする。

２）ソーシャルワークの定義

　わが国ではソーシャルワークの専門職として、社会福祉士と精神保健福祉士が一般的に挙げられ、ソーシャルワーカーとも呼ばれている。ソーシャルワークの概念については、2014年７月にメルボルンにおける国際ソーシャルワーカー連盟（IFSW）総会及び国際ソーシャルワーク学校連盟（IASSW）総会で定めたソーシャルワーク専門職のグローバル定義があり、それについて紹介する。

ソーシャルワーク専門職のグローバル定義（2014年）

「ソーシャルワークは、社会変革と社会開発、社会的結束、および人々のエンパワメントと解放を促進する、実践に基づいた専門職であり学問である。社会正義、人権、集団的責任、および多様性尊重の諸原理は、ソーシャルワークの中核をなす。ソーシャルワークの理論、社会科学、人文学、および地域・民族固有の知を基盤として、ソーシャルワークは、生活課題に取り組みウェルビーイングを高めるよう、人々やさまざまな構造に働きかける。
この定義は、各国および世界の各地域で展開してもよい。」

このグローバル定義により、ソーシャルワーカーが対象とするのは人だけでなく社会も包含されていることや開発思考等を兼ね備え、人々のウェルビーイングを高めるために取り組む専門職であることが理解できる。国内でもソーシャルワークの定義については様々な意見が存在するが、社会福祉士の倫理綱領の「価値と原則」や「倫理基準」にはソーシャルワーク専門職のグローバル定義と同様のことが挙げられている。社会福祉士の国内での定義については、社会福祉士及び介護福祉士法で定義されているのでこちらも紹介する。

社会福祉士及び介護福祉士法改正　社会福祉士の定義（2007年）

第2条　この法律において「社会福祉士」とは、第二十八条の登録を受け、社会福祉士の名称を用いて、専門的知識及び技術をもつて、身体上若しくは精神上の障害があること又は環境上の理由により日常生活を営むのに支障がある者の福祉に関する相談に応じ、助言、指導、福祉サービスを提供する者又は医師その他の保健医療サービスを提供する者その他の関係者（第四十七条において「福祉サービス関係者等」という。）との連絡及び調整その他の援助を行うこと（第七条及び第四十七条の二において「相談援助」という。）を業とする者をいう。

精神保健福祉法　精神保健福祉士の定義（1997年）

第2条　この法律において「精神保健福祉士」とは、第二十八条の登録を受け、精神保健福祉士の名称を用いて、精神障害者の保健及び福祉に関する専門的知識及び技術をもって、精神科病院その他の医療施設において精神障害の医療を受け、又は精神障害者の社会復帰の促進を図ることを目的とする施設を利用している者の地域相談支援（障害者の日常生活及び社会生活を総合的に支援するための法律（平成十七年法律第百二十三号）第五条第十八項に規定する地域相談支援をいう。第四十一条第一項において同じ。）の利用に関する相談その他の社会復帰に関する相談に応じ、助言、指導、日常生活への適応のために必要な訓練その他の援助を行うこと（以下「相談援助」という。）を業とする者をいう。

3）昨今におけるソーシャルワーク実践の動向

　前述にジェネラリスト・ソーシャルワークについて少し触れたが、ジェネラリスト・ソーシャルワークの登場は1990年代以降である。ソーシャルワークはこれまで、個人や家族を対象とするケースワーク、グループ内の相互作用による解決を目指すグループワーク、地域住民のニーズ把握や課題解決に向けた社会資源の開発や連絡・調整等を行うコミュニティワーク

の３つが代表的であったが、それらを実践上での統合化した動きがあり、それをソーシャルワークの統合化と呼ばれている。その段階を経て誕生したのがジェネラリスト・ソーシャルワークである。ジェネラリスト・ソーシャルワークの意味合いについて、山辺朗子（2011）は「多様な展開をし、多方面にその機能を発揮するソーシャルワーク」と表現しており、一つのことに秀でたスペシャルな専門性と比較して専門性が劣ったという見方ではないことを強調している。今日、核家族の増加や不況によるリストラ、引きこもり、離職、離婚、自然災害、認知症や精神疾患などの影響による生活課題、さまざまな要因が複合的に重なり、社会福祉が向き合う問題は複雑化、多様化している。このような社会の変化に合わせてソーシャルワークのあり方も発展しており、その一つにジェネラリスト・ソーシャルワークが生まれている。近年、コミュニティ・ソーシャルワークやスクールソーシャルワークなどのスペシフィックな専門性が注目され、個別課題を通じた地域づくりや学校現場等で児童が抱えている課題解決に向けた支援等、時代に即した社会福祉実践が注目されている。

　わが国は、地域共生社会の実現を推進しており、その実現に向けて厚生労働省は、ソーシャルワーク機能について「複合化・複雑化した課題を受け止める多機関の協働による包括的な相談支援体制を構築するために求められるソーシャルワークの機能」、「地域住民等が主体的に地域課題を把握し、解決を試みる体制を構築するために求められるソーシャルワークの機能」の発揮の必要性を唱えており、今後ますます社会福祉士の役割や期待が大きくなることが予想される。ソーシャルワーク専門職のグローバル定義で示されているように、ソーシャルワーク実践を通じて、地域社会や社会の変革を起こし、ウェルビーイングを高めていくソーシャルワーク実践が求められており、相談支援による連絡や調整等のミクロ領域に終始せず、貧困や社会的孤立が起きている社会の構造を改善していくことや地域住民、多職種との協働を通じた地域福祉の増進が今後の課題であり、展望でもある。

第2節　ソーシャルワークの方法と機能

1）ソーシャルワークの方法

　ソーシャルワークの構成要素として「クライエント」、「ニーズ」、「ソーシャルワーカー」、「社会資源」の4つが存在する。クライエントとは、生活課題を抱えている人であり、クライエントやクライエントの環境への働きかけが求められる。クライエントの環境とは、家族や友人、地域住民、社会福祉サービス等の提供機関をさす。ニーズとは、自己実現に必要な、身体的、精神的、経済的、文化的、社会的なものであり、クライエント自身がニーズを表明することやクライエントが気づいていないニーズのことをさすこともある。ソーシャルワーカーとは、前述した通り、クライエントと援助関係を築き、クライエントが抱えるニーズの解決に向けてクライエントやその環境へ働きかける。社会資源とは、クライエントがニーズの解決にむけて活用する、人や組織、社会福祉サービス等の制度や事業、情報等をさす。

　以上の4つの構成要素があってソーシャルワーク実践は行われている。また、ソーシャルワークは、「価値」と「理論」「実践」を相互に行き来しながら、クライエントのニーズを把握し、社会資源の活用や開発などを行い、クライエント自身が課題を解決していくことを支援する。ソーシャルワークの方法としては、3つに分類されており、1つ目は個人や集団を対象とする「直接援助技術」、2つ目は地域住民や組織運営、社会福祉制度や行政計画などを対象とする「間接援助技術」、3つ目は、直接援助技術と間接援助技術のソーシャルワーク実践に関連する「関連援助技術」であり、それらをさらに分類すると12の方法がある。12の方法については、下記の通りである。

直接援助技術

(1)　ケースワーク（個別援助技術）

　ケースワークは、クライエントが抱える生活課題に対して、相談支援を用いて課題解決に向けて取り組む援助技術である。面接等による課題整理や課題解決に向けた社会資源の活用、援助に必要なネットワークの形成などを行う。

(2)　グループワーク（集団援助技術）

　グループワークは、ケースワークが個別の関わりを重視する一方、共通課題を抱えた個人同士による小グループ内での相互作用による課題解決を目指す。そのため問題解決の主体は個人であり、ソーシャルワーカーはグループ内の相互関係の促進に向けて意図的に関わる。

間接援助技術

(3)　コミュニティワーク（地域援助技術）

　コミュニティワークは、地域の生活課題の解決に向けて、地域住民の主体形成や組織化を側面的に支援しながら、地域住民による話し合いと合意形成を通じた課題分析と課題解決に向けた社会資源の開発やネットワークづくり、専門職との協働の機会を支援する。

(4)　ソーシャルワーク・リサーチ（社会福祉調査法）

　ソーシャルワーク・リサーチは、統計調査や事例調査がある。調査で終えるのではなく、調査を通じて、福祉ニーズや社会資源の把握等を行い、より暮らしが良くなるように必要な活用される。

(5)　ソーシャル・アドミニストレーション（社会福祉運営法）

　ソーシャル・アドミニストレーションは、国や地方公共団体の社会福祉政策や制度の適用に関すること、社会福祉施設の運営管理やサービス計画の改善、運営管理に関するフィードバックを行う間接援助技術である。

⑹ ソーシャル・アクション（社会活動法）

　ソーシャル・アクションは、議会や国、地方公共団体、民間企業等を対象に既存の制度や政策、社会環境の改善を目指して、世論へ働きかける。そのことを通じて、問題を可視化し、社会変革を行う活動である。

⑺ ソーシャル・プランニング（社会福祉計画法）

　市町村等の行政が策定するものとして、地域福祉計画や介護保険事業計画等の様々な社会福祉計画がある。これら社会福祉計画の見直しや新たな計画策定を通じて、地域社会のニーズ解決と今後起こりうる課題に対応し予防する等、将来の展望を描いた社会福祉計画づくりを行う。

関連援助技術

⑻ ネットワーク

　ネットワークは、当事者や家族、ボランティア、社会福祉従事者、社会福祉事業所等の個人や組織との連携を図り、クライエントが抱える生活課題の解決に向けて構築された状況を指す。

⑼ ケアマネジメント

　ケアマネジメントは、利用者のニーズに対して、福祉サービスや社会資源の調整を行いながら利用者の家族や介護・医療・地域・行政等の様々な人や組織が協働して、利用者の自立生活を支援する方法である。

⑽ スーパービジョン

　スーパービジョンは、支持的機能、教育的機能、管理的機能の3つがあり、熟練した援助者が経験の少ない援助者へ専門的知識や技術などの助言を行う。援助者同士で行うピア・スーパービジョンや自分自身で行うセルフ・スーパービジョンなどもある。

⑾　**カウンセリング**

　カウンセリングは、クライエントとの面談等を通じて相談を受けながら、クライエントが抱える問題を把握し解決に向けて整理していく。その際に「純粋性」「受容的態度」「共感的態度」がカウンセリングの基本的な態度として必要になる。

⑿　**コンサルテーション**

　コンサルテーションは、専門職が自身の専門以外の他領域において、その領域の専門職から知識や情報、技術などの助言を受け習得する過程のことをさし、助言を行う専門職は、所属機関外や他部署が行うこととなっている。

２）ソーシャルワークのプロセス

　ソーシャルワークのプロセスは、クライエントとの信頼関係の形成やクライエント自身や置かれている環境の理解を深め、抱えている課題の整理と解決に向けた援助が行われる。その援助過程に置ける場面について説明する。

⑴　**インテーク**

　インテークは、クライエントの初回相談・面接において、クライエントの話を丁寧に聴きながら、ニーズを整理して主訴や問題の状況を明らかにしていく。福祉サービスや相談機関の説明、緊急性の判断も行うことになる。クライエントにとっては、初めての相談で不安や戸惑いを感じている場合もあるため、信頼関係を構築する重要な場面でもある。

⑵　**アセスメント（事前評価）**

　アセスメントは、情報収集と分析を行い問題の原因を明らかにする段階である。そのため、クライエントの生活歴や取り巻く環境等について、家族や関係機関から情報収集を行う。クライエントが抱える問題だけでなく、

クライエント自身の強みにも着目して分析し、クライエント理解を深め支援の方向性を整理する。

(3) プランニング（計画）

　アセスメントで得た情報を整理して、具体的な援助計画を作成する段階である。計画内容はクライエントの自己選択・自己決定を守りながら、短期目標や長期目標の設定を行う。サービス担当者会議など関係機関からの意見も参考にしながら、クライエントの自己実現に向けて作成する。

(4) インターベンション（支援の実施）

　プランニングで立案した計画をもとに、クライエントの生活に介入していくことである。介入には直接介入と間接介入があり、前者はクライエントへの助言や福祉サービスの利用時の直接的な関わりである。後者は、クライエントに関わる福祉サービス等の全体の調整を指す。

(5) モニタリング（経過観察）

　インターベンションにより、クライエント自身やクライエントの生活に変化が起きているか、ニーズの改善・解決に近づいているか、クライエントだけでなく、関係機関と現状を共有して評価を行い、改善すべき点が見つかれば再度検討する。

(6) エバリュエーション（再アセスメント、事後評価）

　これまでの援助過程の効果を評価して、援助の終結判断を行う段階になる。評価は、クライエントとともに実施し、援助計画で作成した目標の達成状況などを確認し合い、支援の継続が必要な場合は援助計画を修正し直すことになる。

(7) ターミネーション（終結）

　援助を終結する段階であり、終結と判断される状態はクライエント自身

の力で解決されている、もしくはしていくことが今後可能であるとなった場合をさす。終結の場合、クライエントや家族が不安感を抱くこともあり、アフターケアができるフォローアップ体制の整備も重要である。

3）ソーシャルワークの機能

ソーシャルワークは、こうしたプロセスを展開しながら、問題の特性に応じて、以下の機能を強調して実践することとなる。

(1)　アドボケイター（代弁機能）

病気や障害、置かれている環境の影響等により、自分の意見や権利を主張できないクライエントに変わって、クライエントの意見を汲み取って代弁することで、クライエントの権利を守る機能である。

(2)　イネイブラー（側面的支援機能）

クライエントが抱える問題を解決するのはソーシャルワーカーではなく、クライエント自身である。問題解決の過程において、側面的に支援する機能のことをさし、クライエントの潜在能力を引き出すという意味でもある。

(3)　カウンセラー（相談支援機能）

クライエントにとって話しやすい雰囲気や環境をつくり、相槌など積極的に話を聴きながら問題を整理して明確化することで、クライエント自身が問題に気づき、解決にむけて取り組むための心理的な支えを行う機能である。クライエントとの信頼関係やクライエントのものの見方や捉え方を理解するように関わることが求められる。

(4)　コーディネーター（仲介調整機能）

クライエントが抱える問題を整理して、解決に必要な人や組織をつなげてネットワークを形成する機能である。コーディネーターには、多様なネッ

トワークの形成や日々の情報収集力等も求められる。ケアマネジメントが導入されるまではボランティアにおいて、使用されることが多かったが、ケアマネジメント導入後は、多職種連携や地域住民との連携などでも用いられている。

(5) エデュケイター（教育機能）

クライエントが社会生活に必要なソーシャルスキルの獲得に向けて学習する機会を提供する。学習を通じて、自己理解を深めることや他者との関わり、生活スキルを訓練することで社会生活に必要な経験を積む。

第3節　社会福祉実践の課題

1）多様化・複雑化する生活課題をめぐる問題

わが国では、社会とのつながりを失い、誰にも知られずに亡くなる孤独死が増加している。これは、超高齢社会における高齢者だけの問題ではない。近年では、80代の親が50代の子どもを支える8050問題や子どもの貧困等の課題も顕在化しており、社会システムや情勢の変容により私たちの暮らしも変化しつつある。ニーズが多様化する現代において、福祉、医療、司法、教育、行政等の様々な分野の協働や地域で支える仕組みづくりが求められている。

ソーシャルワーカーへの期待は、総務省が2018年の自治体戦略2040構想研究会で、「ソーシャルワーカーの活用」を報告しており、今後ますます進む少子高齢社会に備えて、地域の潜在的なニーズの発見・解決を目指して、ソーシャルワーカーの仲介機能に期待がよせられている。

一方、ソーシャルワーカーの配置は、児童、高齢、障害など分野ごとに配置され、相談支援や社会福祉サービスが提供される制度が主となっている。先に挙げた8050問題では、子どもの就労支援や居場所づくり、高齢者への生活支援など異なる世代への支援が必要となるため、多機関の協働や

一人ひとりに合った支援の構築や社会資源の開発、ネットワークづくり、地域住民と協働して進める地域福祉の増進などの専門性を備えたソーシャルワーカーの養成が強く求められている。

2）科学的なソーシャルワーク実践をめぐる課題

　ソーシャルワーク実践の課題として、優れた実践を行うソーシャルワーカーの専門性が「センス」等と呼ばれ、他のソーシャルワーカーが真似できないことがあげられる。そのセンスの分析が進んだ場合、何を根拠に、どのような価値や判断で、誰にどのようなアプローチを実施して、どのような変化が起きたか、ソーシャルワーカーの援助過程の全体を明らかにすることができ真似できない専門性からの脱却が可能になるのではないだろうか。援助の根拠を明らかにすることは、クライエントや家族に対する説明や多職種との連携においてもソーシャルワーカーとしての専門職の意見を伝え協議することが可能となり、ソーシャルワーカーの専門性について理解が広がることにもつながる。

　わが国では、2005年前後にエビデンス・ベースト・プラクティス等と呼ばれる、証拠に基づく実践の議論が生まれている。その他には、ナラティブ・アプローチも着目され、ナラティブ・アプローチとソーシャルワークの親和性について、志村健一（2012）は、「クライエントの語りに寄り添い、クライエントがどのようにクライエント自身を語るのか、そしてそこにクライエントの現在がどのように構成されているか、生活問題がどのような文脈で理解され、認識されているのかに依拠して実践を展開することになる」としており、ソーシャルワークとの親和性があるとしている。だが、山口光治（2014）は、「科学的根拠といった場合に、量的研究や質的研究の成果が活用されるが、社会福祉分野においては、その蓄積が十分ではなく、さらに、その信頼性や妥当性についての審査や担保がなされているかということも重要になる」と、科学的根拠を証明するためには今後も実践と研究が両輪で積み重ねていくことの必要性をあげている。

　児童福祉の領域では、児童相談所や児童養護施設といった専門機関だけ

でなく、近年では、小中学校などの教育現場や教育委員会にも配置されるようになっている。高齢者福祉の領域では、地域包括支援センターや介護事業所等、障害児・者支援では、障害者機関相談支援センターや障害事業所等、その他にも司法領域では出所後の社会復帰支援や生活困窮者への支援、病院等の医療ソーシャルワーカーなど多岐にわたっている。今後、限られたソーシャルワーカーのセンスに依拠しすぎない科学的なソーシャルワーク実践の確立による普遍化にむけてソーシャルワーク実践と研究の協働がより重要となってくるのではないだろうか。

3）認定社会福祉士、認定上級社会福祉士の養成について

　国家資格である社会福祉士は、1988年に資格制度が創設されており、2019年には約23万名の社会福祉士が誕生している。認定社会福祉士と認定上級社会福祉士の民間資格は、2006年の社会保障審議会福祉部会で議論されて以降、社会福祉士及び介護福祉士法の改正や日本社会福祉士会での専門社会福祉士研究会の発足等を経て、2011年に認定社会福祉士認証・認定機構が設立されることとなった。その背景には、社会福祉士資格取得後のより高度な専門性の獲得にむけた体系的な研修制度の充実や社会環境の変化に伴う生活課題の複合化・多様化があり、社会福祉士の役割や必要性が高まっていることがあげられる。

　認定社会福祉士、認定上級社会福祉士の登録者数は、2019年にかけて約900名が登録しており、認定社会福祉士、認定上級社会福祉士を取得するまでには、社会福祉士を有することはもちろんのこと、５年の実務経験数や認定社会福祉士認証・認定機構が定める研修を受講する等の要件が必要となる。認定社会福祉士は「高齢分野」「障害分野」「児童・家庭分野」「医療分野」「地域社会・多文化分野」の５分野で認定が行われ、個別支援や多職種連携等の場面でリーダーシップやコーディネートを行う者をさす。認定上級社会福祉士は、特に人材育成においてスーパービジョン等を担い、より専門性の高い社会福祉士の指導を行う者となっている。それぞれの定義と具体的な活動場面や役割のイメージは表10－1を参考にして頂

きたい。

　徐々に認定社会福祉士、認定上級社会福祉士の資格取得者が増えている一方、資格取得後の収入や組織内での役割の変化、国家レベルでは、厚生労働省の社会福祉士養成課程における位置付けについても今後は議論が必要である。資格取得後をめぐる課題は山積しているが、認定社会福祉士、認定上級社会福祉士の資格制度の充実を図り、社会福祉士の専門性や社会的価値を高めていくことが必要である。

表10－1　具体的な活動場面や役割のイメージ

	認定社会福祉士（○○分野）※1	認定上級社会福祉士
活動	所属組織における相談援助部門で、リーダーシップを発揮。 高齢者福祉、医療など、各分野の専門的な支援方法や制度に精通し、他職種と連携して、複雑な生活課題のある利用者に対しても、的確な相談援助を実践。	所属組織とともに、地域（地域包括支援センター運営協議会、障害者自立支援協議会、要保護児童対策協議会等）で活動。関係機関と協働し、地域における権利擁護の仕組みづくりや新たなサービスを開発。 体系的な理論と臨床経験に基づき人材を育成・指導。
役割	複数の課題のあるケースへの対応 職場内のリーダーシップ、実習指導 地域や外部機関との窓口、緊急対応、苦情対応 他職種連携、職場内コーディネートなど	指導・スーパービジョンの実施 苦情解決、リスクマネジメントなど組織のシステムづくり 地域の機関間連携のシステムづくり、福祉政策形成への関与 科学的根拠に基づく実践の指導、実践の検証や根拠の蓄積
分野	高齢分野、障害分野、児童・家庭分野、医療分野、地域社会・多文化分野	自らの実践に加え、複数の分野にまたがる地域の課題について実践・連携・教育

※1　認定社会福祉士は分野ごとの認定となる。

認定社会福祉士とは
　社会福祉士及び介護福祉士法の定義に定める相談援助を行う者であって、所属組織を中心にした分野における福祉課題に対し、倫理綱領に基づき高度な専門知識と熟練した技術を用いて個別支援、他職種連携及び地域福祉の増進を行うことができる能力を有することを認められた者をいう。

認定上級社会福祉士とは
　社会福祉士及び介護福祉士法の定義に定める相談援助を行う者であって、福祉についての高度な知識と卓越した技術を用いて、倫理綱領に基づく高い倫理観をもって個別支援、連携・調整及び地域福祉の増進等に関して質の高い業務を実践するとともに、人材育成において他の社会福祉士に対する指導的役割を果たし、かつ実践の科学化を行うことができる能力を有することを認められた者をいう。

〔出典：認定社会福祉士認証・認定機構webサイトhttp://www.jacsw.or.jp/ninteikikou/contents/02_seido/02_shigoto.html（2019年9月10日アクセス）〕

引用・参考文献

1）岩間伸之・白澤政和・福山和女編著（2010）『MINERVA社会福祉士養成テキストブック③ソーシャルワークの理論と方法Ⅰ』ミネルヴァ書房

2）加藤昭宏・有間裕季・松宮朝（2015）『地域包括ケアシステムとコミュニティソーシャルワーカーの実践（上)』人間発達学研究6、13－26

3）厚生労働省　社会・援護局福祉基盤課　福祉人材確保対策室（2019）社会福祉士養成課程における教育内容等の見直しについて　https://www.mhlw.go.jp/content/000523365.pdf（2019年9月10日アクセス）

4）志村健一（2012）「ソーシャルワークにおける「エビデンス」と実践への適用」（一社）日本社会福祉学会編『対論　社会福祉学5　ソーシャルワークの理論』中央法規出版、88－123

5）（公財）社会福祉振興・試験センター：資格登録（社会福祉士・介護福祉士・精神保健福祉士）http://www.sssc.or.jp/touroku/tourokusya.html（2019年9月10日アクセス）

6）田中幸作（2014）『社会福祉実践におけるジェネラリスト・ソーシャルワーカーの役割と養成教育に関する一考察』東海学院大学紀要8、51－55

7）（公財）日本社会福祉士会「ソーシャルワークのグローバル定義の見直しに係る進捗状況の報告」https://www.jacsw.or.jp/06_kokusai/IFSW/files/07_sw_teigi.html（2019年9月10日アクセス）

8）認定社会福祉士認証・認定機構　http://www.jacsw.or.jp/ninteikikou/index.html（2019年9月10日アクセス）

9）福山和女編（2005）『ソーシャルワーカーのスーパービジョン』ミネルヴァ書房

10）山口光治（2014）『ソーシャルワークにおけるエビデンス・ベースド・プラクティス—高齢者虐待の事例検証を通して—』国際経営・文化研究18（2）、111－123

11）山辺朗子（2011）『ジェネラリスト・ソーシャルワークの基盤と展開　総合的包括的な支援の確立に向けて』ミネルヴァ書房

12）渡部律子（2013）『「人間行動理解」で磨くケアマネジメント実践力』中央法規出版

第11章　介護問題と介護保険制度の課題

第1節　介護問題とは

1）社会問題としての介護問題

　現代のわが国は、高齢者を中心として介護問題が重大な社会問題として認識されていることは自明のとおりである。本節では、介護を取り巻く問題について理解を深めたい。

　ところで、介護問題は、社会問題といえるのだろうか。社会問題の定義としては、「社会秩序の維持存続を脅かし、社会そのものの解体を招くような諸問題が社会的に広く生成している場合」というものがある（中村優一他、1993）。この立場からすると、「社会問題とは、社会構造の矛盾から生ずるものであることを意味している」（中村優一他、1993）。また、国民個々の生活はもとより社会体制そのものの危機的状況を招来する原因が社会問題であるともいえる。しかし、これは極端な定義で、社会問題は、その問題が国民各層を通じて広く拡大し、それへの社会的対応が必要となった状態というように幅広く捉えることも可能である。とするならば、介護問題は、従来、家族とりわけ配偶者、嫁および娘などの女性が担ってきたが、それがうまくいかなくなってきたものと考えることもできる。

　また、わが国の社会が、高齢化社会（aging society）から高齢社会（aged society）さらに超高齢社会へと推移することにともなって、家庭介護の限界が顕著に露呈し、今や介護問題は国民的課題となっているのである。家庭介護の限界という具体的現象は、例えば、高齢者夫婦世帯や一人暮らし高齢者の介護であり、また、子どもや孫世帯との同居家族であっても家族構成員個々の生活リズムやライフスタイルの違いから生ずる家庭介護機能の低下など複雑多岐にわたっている。

このように介護問題は、国民生活を脅かすまでに至っている。この意味
において介護問題は、重大な社会問題なのである。

2）介護問題の特徴

　それでは、介護問題がいったいどのような特徴を含有しているかを述べ
ていくこととする。

　「介護」の概念や定義は、厳密には未だ定説として確立していない。し
かし、現在において優れた概念規定といえるものもないわけではない。こ
こで、注目すべき2つの概念規定を紹介する。

　1つ目は、日本社会事業学校連盟（現：日本ソーシャルワーク学校連盟）
と全国社会福祉協議会の施設協議会連絡会が設置した「社会福祉実習のあ
り方」に関する研究会の規定である。それは、日本介護福祉学会設立準備
大会（1993年4月29日）の基調講演で一番ヶ瀬康子が明らかにした「老齢
や心身の障害による日常生活を営む上で、困難な状態にある個人を対象と
する。専門的な対人援助を基盤に、身体的・精神的・社会的に健康な生活
の確保と成長・発達の改善を目指して、利用者が満足できる生活の自立を
はかることを目的とする」という規定である（一番ヶ瀬、1993）。この規
定の要点は、対象者個人の日常生活の動作や家事、健康管理および社会活
動などの援助を目的とし、その援助は専門的な対人援助を生活の側面から
行い、問題を解決するというものである。

　2つ目は、根本博司の「ケアワークの概念規定」という論文である。根
本博司は、対象者の日常生活動作への援助だけを目標と捉えず、手段的
ADLや機能的ADL[注1]を含むことを前置した上で、児童から老人、身体障
害者、精神障害者等幅広く、ケアワーカーは、これらの対象者の生活課題
の遂行援助を、その個別性に留意し、その人と社会システムとの関係を調
整しながら行うというものである（根本、1991）。この中に介護概念が含
まれているといえる。

　この2つの概念規定は、前者が高齢者や心身障害者を対象とし、後者が
児童から高齢者および身体障害者と精神障害者を対象としており、対象者

の範囲の捉え方に違いがある。しかし、両概念とも生活の自立や生活課題の遂行援助をするという目的は、対象者の生活上の介護、介助および社会との関係などの問題を解決する方向を示しており、対象者の生活サイドに立脚した考え方として共通している。ここで、注目すべき視点は2点ある。

　第1は、両概念が生活上の困難な状況あるいは生活課題の解決を図るところに主眼をおいているところである。そして、第2は、身体的、精神的および社会的援助と個別性に含まれる内容としてADL（Activities of DailyLiving＝日常生活動作）およびIADL（Instrumental Activities of DailyLiving＝手段的ADL）に対する介助と援助、さらに、対象者と社会との関係調整という内容である。この2つの視点は、相互に関係が深く介護の基本となる対人援助の見方や技術、知識等を含み専門性の必要性を明確にしたものである。これらのことを実際の介護場面で概観すると次のようになる。

　まず、前者の生活上の困難とは、例えば高齢者においては、次のようなことが多く経験される。それは、特に、高齢になるにつれて慢性疾患の罹患者が多く、療養をともなう看護、介護を必要としていることである。具体的には、高血圧症、心疾患、慢性腎不全、糖尿病、パーキンソン病や認知症などの疾病をもった高齢者が多い。また、在宅高齢者の中には、人工透析、インスリン注射、在宅酸素療法、留置カテーテルあるいは経管栄養などを必要としている人もいる。

　このような疾患は、従来、医療機関において管理・看護されていたものであった。また、これらの疾患は、生活習慣病といわれ疾病構造の変化とともに顕在化してきている。このことは、傷病分類別にみた受療率に表れている。しかし、社会的入院の解消や医療費抑制を目的とした医療制度改革の推進にともなって現在では在宅生活者に多く見られるようになり、基本的要求レベルの介護だけでなく、全介助を必要とし、かつ、高度な介護が求められているのが現状である。加えて、看護・栄養等の専門的な知識や技術を必要とする介護内容などのより高度な対応の必要性が増している。

このように高齢にともなう要介護状態は、福祉施設のみならず在宅生活場面でも顕在化しつつ、必要な介護の質が高度化してきているのが現状である。この質の変化は、要介護者だけでなく介護する者の生活を大きく変化させるものであることはいうまでもない。

　次に、後者の社会関係の調整視点は、ソーシャルワーク機能と関係が深いものである。家庭内に要介護者がいると、要介護者だけでなく介護者も社会生活から切り離される傾向が少なくない。近年、介護離職を余儀なくされることも知られてきている。そのような切羽詰まった環境も含め余暇活動や学習活動などの文化的要求というニーズが充足しにくくなるのである。さらに、要介護者の疾患にともなう行動障害は、介護者の睡眠不足、腰痛、介護費用の負担、介護疲れ等々を引き起こすことになる。そうすると介護者の負担も多くなり、介護者は、睡眠・休養といった生理的要求さえも充足しにくくなる。

　このように、介護レベルによっては、介護を必要とする者だけでなく、介護を担う人々が社会との関係から疎外される場合がある。そのため、公的福祉サービスや保健、医療などの一体的な活用を促進する必要がある。これらのサービスがあってこそ、社会から離脱することなく社会関係が維持されるといえる。このように見てくると、社会関係における調整機能の特徴は、人権思想に立脚した介護行為の効率性と合理性が基本にあるといえる。さらに、介護福祉の中に対人援助機能の確立が強く望まれているのである。

　次に、介護の定義について見ると、小池妙子や西村洋子らの定義がある。

　小池妙子は「介護とは、高齢者・障害者など要介護者の生活の場における日々の生活行為について支障が生じ、他者の援助を必要としている人に対し介護の立場から行う継続的援助である」としている（小池、2002）。他方、西村洋子は「高齢者及び障害者（児）等で、日常生活を営むのに支障がある人びとが、自立した生活を営み、自己実現が図れるように、対人援助、身体的・社会的・文化的生活援助、生活環境の整備等を専門的知識と技術を用いて行うところの包括的（総合的）日常生活援助のことである」と定

義している（澤田・西村、2007）。

　この２つの定義においても、前述の概念規定と同じく、生活上の問題に対する生活課題解決を基盤として、ADLやIADLへの介助と介護を提起し社会関係調整を包含するものとなっている。

　このように見てくると、今後、介護あるいは介護福祉に関する概念の形成や介護の定義の確立が強く望まれるところである。また、公的な性格を持ち合わせている規定としては、先の一番ヶ瀬の概念規定であることを付け加えておく。なぜならば、一番ヶ瀬が社会福祉士及び介護福祉士法制定における審議過程で日本学術会議会員として意見具申にその内容を盛り込んだためである。

３）高齢者の介護問題

　高齢者の介護は複雑多岐で、容易な介助レベルからより専門的な知識や技術を必要とする介助レベルまで広範囲にわたっている。その理由としては、高齢期において身体的、精神的および社会的変化が生活障害を複合的に派生させることにある。したがって、高齢者の介護上の問題は、自ずとパターン化することが困難である。しかし、高齢者の基本的な介護を身体的変化、精神的変化ならびに社会的変化から分析することにより問題が整理できると考えられる。

　まず、身体的変化は、一般的にADLを基本に見ることが多い。食事、排泄、入浴、衣服着脱および移動（歩行）動作能力がそれである。それぞれの動作能力が生活圏と介護の必要度を決定づける一般的な基準として扱われている。介護保険制度施行前における一般施策としての特別養護老人ホーム（介護老人福祉施設）への入所判定（措置決定）では、老人ホーム入所判定票にこの基準にもとづくADL評価が使用されていた。また、介護保険制度施行後は要介護認定における認定調査での調査項目で高度な分析結果に基づいた詳細なADL評価項目が形成され踏襲されている。

　高齢者のADLの低下は、循環器系疾患や脳器質性疾患などの生活習慣病が原因となっていることが多く、身体的機能の低下にともない慢性化して

いく傾向をもっているといわれている。

　そこで、表11－1の「死因順位の推移」の傷病構造を参考に見てみると次のことがわかる。死因の推移をみると、かつて上位を占めていた肺炎・気管支炎や結核などの感染性疾患が戦後は減少し、生活習慣病による死亡が増加するという傾向になった。1985年以降、死因順位は、概ね１位に悪性新生物（がん）２位に心疾患３位に肺炎・脳血管疾患という状況が続いている。このことから高齢者のADL低下の多くが循環器系、脳器質性疾患や呼吸器系疾患によるものと考えられよう。

表11－1　死因順位の推移（人口10万対死亡率）

	第１位		第２位		第３位	
	死　因	死亡率	死　因	死亡率	死　因	死亡率
昭和15年	全　結　核	212.9	肺・気管支炎	185.8	脳血管疾患	177.7
22	全　結　核	187.2	肺・気管支炎	174.8	胃　腸　炎	136.8
30	脳血管疾患	136.1	悪性新生物	87.1	老　　衰	67.1
40	脳血管疾患	175.8	悪性新生物	108.4	心　疾　患	77.0
50	脳血管疾患	156.7	悪性新生物	122.6	心　疾　患	89.2
60	悪性新生物	156.1	心　疾　患	117.3	脳血管疾患	112.2
平成　2	悪性新生物	177.2	心　疾　患	134.8	脳血管疾患	99.4
7	悪性新生物	211.6	脳血管疾患	117.9	心　疾　患	112.0
12	悪性新生物	235.2	心　疾　患	116.8	脳血管疾患	105.5
17	悪性新生物	258.3	心　疾　患	137.2	脳血管疾患	105.3
22	悪性新生物	279.6	心　疾　患	149.8	脳血管疾患	97.7
27	悪性新生物	295.5	心　疾　患	156.5	肺　　炎	96.5
28	悪性新生物	298.3	心　疾　患	158.4	肺　　炎	95.4
29	悪性新生物	299.4	心　疾　患	163.8	脳血管疾患	88.1

資料　厚生労働省「人口動態統計」
注　平成29年は人口動態統計月報年計（概数）による
〔出典：厚生労働統計協会（2019）『保険と年金の動向 Vol65 No.14 2018/2019』厚生労働統計協会、p11〕

　次に、精神機能の変化は、認知症に代表され、付随して中核症状と周辺症状（BPSD：Behavioral and Psychological Symptoms of Dementia）が現れてくる。原因としては、主にアルツハイマー病・ピック病・レビー小体認知症・脳血栓や脳梗塞などの脳器質性疾患が多くを占めている。一般に認知症症状は、中核症状である記憶力低下と失見当識が特徴である。この症状だけでは特に介護上、大きな問題といえない。しかし、認知症になってしまうと認知症症状の中核症状以外のBPSDとして、幻視、幻聴、妄想（特に夜間せん妄）、暴力行為、不安、抑うつ、睡眠障害、不潔行為、異食や徘徊等が随伴症状として発症してくることが多い。すなわち、精神機能での問題は物忘れレベル以外のBPSDへの対応である。これらの精神機能の低下と精神的随伴症状は、加齢とともに増加する傾向にある。特に、75歳以上の後期高齢者は、認知症の発症率が高くなり、それとともにBPSDも現れてくる傾向にある（図11－1参照）。

　最後に社会的には、高齢期の生活構造が大きく変化することである。高齢期の生活は、現代の価値観、住宅事情や文化の変化にともない核家族化

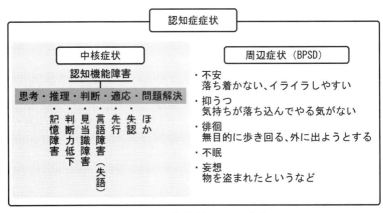

図11－1　中核症状と周辺症状

〔出典：厚生労働省 老健局高齢者支援課 認知症・虐待防止対策推進室（2014）「認知症施策の現状」（一部改変）
https://www.mhlw.go.jp/file/05-Shingikai-11901000-Koyoukintoujidoukateikyoku-Soumuka/0000069443.pdf（2020.3.2アクセス）〕

と少子化に比例して、高齢者夫婦または一人暮らし世帯が増加する傾向にある。この現象は、高齢者の介護を高齢者が担わざるを得なかったり、老人ホーム利用（措置を含む）や、かねてから問題となっている社会的入院などにつながっている。いわゆる入所（措置）予備群あるいは利用待機者の増加を意味する。

　さらに、高齢者の孤独死の問題は、孤独や生活習慣の悪化などから疾病罹患率の増加、ひいては孤独死や自殺の増加にもつながっている。わが国は、年間の自殺者が平成30年度警察庁調べによれば約２万人であり60歳以上の自殺者が年間約8,300人に及んでいる。この自殺の多くは、複雑で多様な背景を有している。高齢者の場合は、健康問題（うつや身体の疾病など）や生活苦などによるものと考えられている。また、高齢期の社会参加の機会が少ないことや、高齢期特有の機能低下と社会の物理的環境がそぐわず外出の疎外要因となっていることも見逃せない事実である。

　そのために、住居や交通などのバリアフリー（Barrier Free）化が叫ばれてきたのである。公共建造物や交通機関のバリアフリー化は、1994年に制定された「高齢者、身体障害者等が円滑に利用できる特定建造物の建築の促進に関する法律」（ハートビル法）や2000年に制定された「高齢者、身体障害者等の公共交通機関を利用した移動の円滑化の促進に関する法律」（交通バリアフリー法）により具体的に取り組まれてきた。さらに2005年には、ユニバーサルデザイン政策大綱により、誰でもが利用できる公共空間の構築へという方針が示された。この大綱により、ハートビル法と交通バリアフリー法を統合・拡充をして総合的・一体的なバリアフリーを実現するために「高齢者、障害者等の移動の円滑化の促進に関する法律」（新バリアフリー法）が2006年６月に制定されてきたのである。高齢者の孤立化は、物理的な側面の解決だけで成せるものでなく新バリアフリー法の推進以外に人と人とのつながりを創造できるものでなければならない。生活苦や健康上の理由で人との交流が困難な高齢者は孤立化してしまわざるを得ないのである。よって、孤独死の社会問題は、未だ解決策が見出せていないのが現状である。

　その他、高齢者の退職後の再就職対策や社会的役割の再編成が具体性を
もった課題として「高年齢者等の雇用の安定等に関する法律」により、再
雇用や定年の引き上げ、継続雇用制度を推進している。しかし、高齢者の
雇用継続は、求人と求職の需給調整の視点から見てミスマッチを起こして
いる。このことは、高齢者への求人が警備・建設業などが多く、個人のも
つキャリアを活かせないものが多い。他方、高齢期の生き方を若いときか
らキャリアを考えた人生設計が望まれるところである。そのために、各種
資格を取得しておくことなどがその一歩となろう。

　また、認知症になった高齢者は、意思を示す判断能力が欠如してくる。
この判断能力が十分でない高齢者が不当な契約や不利益を被らないよう
に、民法において成年後見制度を確立している。また、成年後見制度の利
用の促進に関する法律も施行されている。しかし、成年後見制度利用にあ
たっては、手続き上の煩雑さや手続きの相談窓口が少ない等、利用し難い
状況にある。それを補完する制度として、都道府県社会福祉協議会が取り
組んできた「日常生活自立支援事業（旧：地域福祉権利擁護事業）」がある。
現在は、市町村社会福祉協議会がこの日常生活自立支援事業を展開してい
る。この事業は金銭の預かりが中心的なサービスで権利擁護としては弱い
ものといえる。その意味では、本当に権利擁護が確保されているか否かは
疑問である。

　介護の社会化を推進するにともない、高齢者に対する介護放棄や高齢者
福祉施設での身体拘束の問題が浮上してきた。その上、2003年に厚生労働
省委託の「家庭内における高齢者虐待に関する調査」が実施され、深刻な
状況にあることが確認された。虐待行為は養護者によるものと介護福祉従
事者の専門職が行っているということも判明してきた。そのため、2006年
４月に「高齢者虐待の防止、高齢者の養護者に対する支援に関する法律」
（高齢者虐待防止法）が施行された。高齢者虐待防止法では、虐待行為の
定義として、身体的虐待・介護放棄・心理的虐待・性的虐待及び経済的虐
待としている。さらに、同法では、児童福祉法と同様に市町村への「通報」
義務を課している。しかしながら、虐待の定義をこのように限定できるの

かという疑問がある。また、市町村への通報となると夜間や休日等の通報に応じられず、また通報を受けても児童相談所のように一時保護をすることすらできないという問題がある。そして虐待の通報がどの程度国民に周知できているかが問題である。この通報という機能が実行されなければ擁護できないのである。高齢者虐待事件の判決が下され、その多くは暴力罪であり禁固刑あるいは罰金刑の範疇にある。このように見てくると高齢者の社会参加や権利擁護などのためにさまざまに制度ができているが、高齢者の生活は複雑な各種法律で支援せざるを得ない環境におかれているといえる。

　以上、３つの視点から概観してきた。内容としては、複雑でネガティブな側面を露呈することとなったが、それほど高齢者の介護問題が深刻であることを物語っているのである。これらから、高齢者介護の問題は、老いにともなう機能低下への対応や社会的な環境整備の課題などであるといえよう。

４）介護問題と介護者

　介護問題は上述してきたように、広範囲にわたっていることが理解できよう。そして、介護の担い手は、在宅においては家族が中心になっていることも事実である。さらに、介護者の中心人物は、女性に偏重していることが図11－２からわかる。また、介護の内容は、基本的にADLの介助が中心である。しかし、先に述べたように、要介護高齢者は、重度化し、介護の水準は高度な対応が必要となってきている。さらに、介護者の高齢化がすすみ、介護者の持つ悩みも深刻になり、公的サービスの伸展や国民１人ひとりの理解があってこそ、問題の解決につながるものである。しかし、現実の社会では、介護という言葉は周知されていても、介護の身体的、精神的、経済的負担の重さを認知するところまでには至っていないのが現状である。

　介護問題の実態は、介護者だけに背負わせればすむ問題ではないことを、介護の社会化や介護実践の科学化と並行して教育、人権教育、生涯学習等々

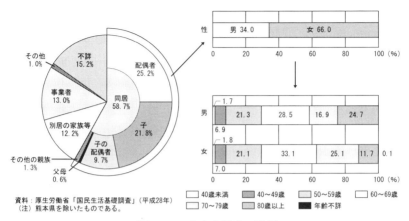

資料：厚生労働省「国民生活基礎調査」（平成28年）
（注）熊本県を除いたものである。

図11－2　主な介護者の続柄

〔出典：内閣府編集（2019）『高齢社会白書』（平成30年版）p32〕

で啓発する必要性がある。したがって、介護問題と介護者の関係は、女性の社会進出を肯定しつつ、男女を問わず介護に参画する思想を社会に浸透させることが重要である。そのためにも、現行の「育児休業、介護休業等育児又は家族介護を行う労働者の福祉に関する法律」[注2]いわゆる介護休業制度のより一層の強化と利用実効性の高い制度設計が強く求められるところである。なお、2010年6月30日に改正介護休業制度が施行された。改正では、仕事と介護の両立支援のために介護のための短期の休暇制度が創設され年5日（対象者が2人以上であれば年10日）が取得できる。しかし、育児・介護休業法は、法違反に対する制裁措置がなく、監督官庁の職員のねばり強い助言、指導等により実効性を確保していた。これに対して、今回の改正では、勧告に従わない場合の公表制度や、報告を求めた際に虚偽の報告をした者等に対する過料が設けられた。しかしながら多少の強化は認められるが、休業中の所得の補償措置がないために実効性の可能性が期待できない。さらに、時代とともに変化しつつある扶養意識や高齢者等への介護参加意識の希薄さに注目した、新たなビジョンが社会の枠組みに構築され持続可能な制度設計を必要としているといえよう。

第2節　介護保険制度の問題点

　以前、高齢者福祉サービスは、老人福祉法と老人保健法（2008年4月に高齢者の医療の確保に関する法律に改正された）等によって支えられてきた。しかし、利用手続きや費用負担の面で不均衡を生じさせたり、総合的サービス利用において課題があった。サービス利用を利用者が選択できないことや保健医療サービスの不適切な利用としての社会的入院が顕著になっていた。

　このような問題を解決すべく「措置」から「契約」という制度へ転換するために従来の法体系を再編し介護保険制度が創設されたのである。介護保険法は、社会保険方式によって負担と給付を明確にし、社会全体で介護を支える仕組みで制度設計された。介護保険法は2000年4月に施行され、2005年に大きな見直しが行われ現在に至っている。

　ここでは、高齢者福祉サービスの中心である介護保険制度の問題点について要点を絞り述べていく。

1）被保険者の問題

　介護保険制度は、社会保険制度ということで被保険者が設定されている。65歳以上の第1号被保険者と40歳以上65歳未満の第2号被保険者で構成されている。また、被保険者は、介護保険料を納付しなければならない義務がある。社会保険である以上、介護保険料納付の免除はない、しかし育児休業中の場合や災害時においては一部免除されることもある。

　さて、近年、介護保険料の高騰が問題となってきている。制度創設当初月額2,400円程度であったものが現在はその倍以上となっている。制度上、給付と負担の関係は、明確になっている仕組みである。しかし、介護保険料高騰の原因が給付と負担だけでは説明がつかないことが判明してきた。

　「介護給付水準と介護保険料の地域差の実証分析」という研究では、安藤道人が、介護保険料の高騰が保険者機能の弱さによるものではないと指

摘している。また、介護給付の適正化については、一定の効果を認めている。その上で、「介護保険料高騰の原因が高齢者数と認定率の増加」によってもたらされていると結論づけている（安藤、2008）。

したがって、今後の介護保険料の高騰による被保険者の問題は、介護保険料を含む同制度の財源との関係から現在の被保険者の対象幅で良いか否かが問われている。つまり、第2号被保険者の対象幅を広げ20歳以上65歳未満という設定も視野に入れなければならないことを意味する。これは、極端な話であるが少なくとも被保険者の対象幅の議論が必要になってこよう。

2）財源問題

財源は、介護保険料と公費で構成されている。構成比率は、介護保険料50％、公費50％となっている。公費の内訳は、市町村12.5％都道府県が12.5％、国が25％である。

介護給付が増大することによって、当然のことながら介護保険財源は増大する。受益者負担の原則からも介護保険料の高騰も続く。その意味では社会保険の規律が働いているものといえる。また、介護保険事業計画は、3年に一度見直され介護保険料も決められる仕組みになっている。この計画では、ニーズ把握と受給を推測し3年間の給付見込みを推計し介護保険料を算出している。しかし、計画策定においては、国の参酌すべき事項と都道府県介護保険事業支援計画に左右されるため介護保険料の市町村間での極端な差異はないといえよう。

国は居宅サービス給付費の適正化を進め抑制を行おうとしている。この適正化は一定の効果をもつと考えられる。しかし、安藤は、「居宅サービスを抑制しても施設・グループホームへ転嫁することなどを考慮すると介護費用や保険料額の抑制に繋がらない可能性もある」と指摘している（安藤、2008）。

これらのことから、財源の増加に対する問題が顕著になっている。その上、現行の財源構成のあり方も問題である。なぜならば、公費の負担割合

を上げれば、社会保険制度としてのインセンティブを失うことになりかねないからである。そうなれば財源構成は現状を維持することが望ましいことになる。また、「介護保険が社会保険である以上、被保険者が納得して必要な保険料負担するのであれば、国や地方も決められたルールで公費負担を付き合うのが本来の姿であるはず」と指摘している（堤、2010）。

政府は消費税の引き上げで補う考えで進めているがはたして財源増加への対応として期待してよいのか疑問がある。つまり増税の使途が不明確なことを指摘せざるを得ない。しかし、現段階では、消費税増税にしか期待できないのも現実である。

3）要介護認定の問題

要介護認定は医療保険でいえば医師の診断に相当するものである。この両者の関係からすれば、要介護認定が診断と比して科学的根拠が脆弱であるという問題がある。現時点では、大きな混乱は起きていないが問題点として指摘しておく必要がある。

なぜならば、医療保険においては、その診断と治療について医師に一任されている。このことは、社会的に納得のいくところである。そうなれば、要介護状態を認定するためには、医師に代わるものが必要となってくる。その組織と診断ツールが、介護認定審査会であり要介護認定基準である。この合議体だけでは担保されるものではないが、重要なのは、要介護認定基準にある。

要介護認定基準は、介護現場での介護をタイムスタディで収集し分析を行い「介護の手間の時間」を基準にすることで公平な基準としている。この基準で一次判定が行われ、介護認定審査会が二次判定を行う。この二次判定では、認定調査結果を全国共通のプログラムソフトで機械的に介護にかかる手間を時間に置き換えた判定の「一次判定」結果と「かかりつけ医（主治医）の意見書」と認定調査時の「特記事項」を基に、要介護度ごとに示された「状態像の例」を勘案して最終判定の二次判定を行う。

要介護認定基準の根拠となる「介護の手間」という時間を基準に行うこ

とがいいのか検討しなければならない問題である。

４）介護報酬の問題

　介護報酬とは、事業者が利用者（要支援者及び要介護者）に介護サービスを提供した場合に、その対価として介護給付費単位数表に基づいて事業者に対して支払われる報酬のことである。この介護給付費単位数表は、厚生労働大臣が社会保障審議会介護給付費分科会の意見を聴いて定めるものである。

　介護報酬の改定は、原則として３年に１回のペースで行われることとなっている。したがって、介護保険制度施行以来、2018年改定を含めると６回改定が行われたのである。2009年改定の前２回の改定では、介護老人福祉施設などの介護報酬が２回とも引き下げられている。極めて事業者の経営が困難になっており、2008年上半期には、事業者の倒産件数が過去最高に陥っている。2009年４月の改定では３％の引き上げとなり、在宅分が＋1.7％であり施設分が＋1.3％という内訳となった。また、2012年の４回目の改定では、在宅サービスの充実と施設の重点化・自立支援型サービスの強化・医療と介護の連携及び機能分担と介護人材の確保とサービスの質の向上を柱に介護報酬の引き上げが行われた。引き上げ率は、全体で＋1.2％であり在宅分が＋1.0％、施設が＋0.2％引き上げられたものの第１回及び第２回の引き下げ改定からの難局を脱するのは極めて難しい。さらに、2011年３月11日に起こった東日本大震災や2012年社会保障と税の一体改革の影響も受け介護保険制度の基本理念を追求するとした改定としては抑制的改定といえよう。さらに、介護を担う人材に関しては、待遇改善費が介護報酬に組み込まれたことは歓迎されるがその水準には納得ができない。介護福祉士等の介護を担う人材育成の強化や優秀な人材の登用ができ得る財政的な基盤の整備が急務である。

　介護報酬の引き下げ改定によっては、サービスの質の低下や有能な人材確保に影響を与えるため慎重な改定が望まれる。2008年頃からの現象としては、介護福祉士養成施設（養成校）への進学希望者の減少や閉校が目立っ

た。さらに、従来から起きていた介護職員の介護現場からの離職の増加、介護事業者の倒産などが顕著であった。さらに、介護職員による虐待は、施設の人員配置にも原因の一端がある。施設という密室性、介護者のストレス増大は、弱者である利用者に勝る介護職員の虐待へと繋がる。特に、介護者のストレス軽減が必要であり、そのためには、人員配置を増やすことが大切である。介護報酬は、サービスの質や地域包括ケアシステムと直結しているだけに大胆な増額改定が必要である。

５）ケアプランの問題

　ケアプランがニーズを満たし自立支援に結びついているかという問題がある。もちろん、ケアプランはケアマネジャーが利用者本人や家族の意向を含め介護サービス計画を立案するものである。

　この際、要介護認定の一次判定結果とケアプランと比較研究する必要がある。ケアプランの妥当性の検証が必要になってきているという問題がある。ケアプランがどの程度ニーズを満たしているのかミクロレベルでの検証が必要であるといえよう。

６）介護保険事業計画の問題

　介護保険事業計画は、介護保険法施行にともない市町村に３年を１期として作成義務が課せられている。そしてこの介護保険事業計画に基づいて介護サービスの供給体制の整備が図られることとなっている。

　市町村介護保険事業計画では、地域における要介護者等の現状や個別需要の把握を行い、また、被保険者の意見も反映させるための措置を講じた上で、次の４つの内容を基準として介護保険事業計画を作成するものとされている。大まかな内容は、①各年度における介護給付等対象サービスや地域支援事業の種類ごとの量の見込み、②当該見込み量の確保のための方策、③事業者間の連携の確保など、介護給付対象サービスの円滑な提供を図るための事業及び④その他保険給付の円滑な実施のために必要な事項というものである。

この介護保険事業計画の問題は、「納得」が得られるものであるかである。多くの市町村は、被保険者の代表を含め市内の各種代表者を構成員として介護保険事業計画策定委員会を設置して審議し首長へ答申するのが一般的である。答申を受けて市町村議会で審議決定される。市町村は、このような工夫をして策定プロセスを形成する。しかし、介護保険事業計画策定は、できるだけ多くの被保険者が関わることが「納得」を得やすいともいえる。このことは、極端な指摘であるができる限り「納得」を得られるものにしなければならない。

第3節　介護問題と介護保険制度の課題

　介護保険制度導入の基本理念は、「高齢者の自立支援」であり、そのために「予防リハビリテーションの重視」「高齢者自身による選択」「在宅ケアの推進」「利用者本位のサービス提供」「社会連帯による支え合い」「介護基盤の整備」「重層的で効率的なシステム」を原則として制度設計が行われた。その結果、介護保険サービス利用者は、当初の見込みを上回る勢いとなった。今後も要介護高齢者の増加は加速度的に増えることが容易に推測され、当初の制度設計のままでは制度破綻に陥ってしまうことが顕在化してきた。また、介護保険法は、制度施行後5年で見直すという附帯決議もあり2005年に見直しが行われた。見直しの検証では、介護保険制度が一定の定着ができていると評価し制度全般の見直しがなされたのである。

　見直しにおいて当初の理念が大きく転換された。大きな見直しの理念は、「予防重視型システムへの転換」「施設給付の見直し」「新たなサービス体系の確立」「サービスの質の確保・向上」「負担のあり方・制度運営の見直し」「被保険者・受給者の範囲」である。

　この理念の転換での課題は、従来のサービス利用の自由度を制限する結果となった。特に要支援1・2と判定された要支援高齢者は、2014（平成26）年改正による介護予防日常生活支援総合事業の対象となり利用者及び

家族介護者の期待する介護サービスとは乖離してきている。

　また、利用者負担が増加したことによりサービス利用が抑制されるという問題がある。現在の高齢者の多くは国民年金生活者が多い。2012年の国民年金における老齢基礎年金の平均受給月額の６万６千円程度の年金では、介護保険法における利用者負担である１割負担ですら支払いが困難であり介護サービスを利用できない状況にある。その上、介護保険料の上昇や「高齢者の医療の確保に関する法律」によって後期高齢者は、介護保険料や長寿医療制度[注3]（長寿医療制度の名称は、後期高齢者医療制度に対する批判があり当時の厚生労働大臣が名づけたもの）の保険料を年金から天引きされ実質所得の減少に拍車をかけている。さらに、長引く経済の低迷は、物価高騰という社会にあって国民の生活不安は増大している。中でも年金生活者の高齢者の多くが、実質所得の減少から生活保護を受給せざるを得ない状況におかれている。この所得の格差は、介護保険制度を潤沢に利用できる者と少しの利用しかできない者という社会的排除の現象をより進めてしまっている。

　したがって、介護保険制度の利用は、所得に関係なく利用できる仕組みに改革する必要がある。この際、社会保険方式から離れた新たな仕組みを検討せざるを得ないことになる。

　さらに、介護報酬の改定における引き下げは、市場原理の下、規制緩和し営利団体などの参入を認めてきた事業者の倒産を余儀なくしてきた。また、介護報酬の不正受給事件も増加している。その上、引き下げ改定は、有能な専門職の人材確保が困難になる結果を生起させ、かつ、介護福祉士等の介護系職員の離職に拍車をかけている。これらのことは、サービスの質の低下を招く大きな要因といえる。2008年５月に「介護従事者等の人材確保のための介護従事者等の処遇改善に関する法律」が成立したが、恒久的な政策形成と財源確保がなされていないため有効性は見出せない状況であった。介護従事者等の処遇改善に関する交付金制度は、2012年の介護報酬改定に組み込まれ発展的に解消した。しかし、介護報酬改定の経緯は、介護保険制度の基本理念追求とは乖離していると考えられるため大きな課

題となっているといえよう。

　大きな課題として、認知症高齢者が増加しており、指定介護老人福祉施設や介護老人保健施設及び指定介護療養型医療施設の介護保険３施設を利用する要介護（要支援）認定者の多くは「何らかの介護・支援を必要とする認知症がある高齢者」である。現行の介護保険制度では、認知症高齢者対策が十分ではない。一刻も早く認知症高齢者に対応したサービスを充実させなければならない。また、同居率低下に伴い、一人暮らし高齢者や高齢者夫婦世帯のみという世帯が増加することも推測されている。老老介護や認認介護[注4]は、身体的負担・精神的負担及び経済的負担が重くのしかかり、介護疲れからの殺人事件すら耳にすることが多い。それだけに、高齢者のみの世帯に対する介護サービスは、迅速かつ弾力的に利用できるようにしなければならない。さらに、近年、若年性認知症も問題が顕著になってきた。認知症高齢者への介護を巡っては、認知症対応型共同生活介護に留まらず医療との連携を強化していく必要がある。認知症サポーターの養成などの取り組みが行われているが未だ認知症高齢者の介護サポートの役割は果たせていない。認知症の啓蒙の範疇から成長させインフォーマルマンパワーにしていかなければならないと言える。

　次に介護保険制度創設の審議や立法過程において「介護保険における被保険者及び受給者範囲」が議論されてきたが、未だ確立できていない。この論議は、介護保険制度が高齢者の介護保険として運用されており、若年者や障害者等の要介護者には適用できないところに最大の焦点をあてて行われている。しかし、社会保険方式の一般施策として年齢や疾病等の制限を撤廃していくと要介護認定基準を大幅に見直さなければうまくいかない。また、給付と負担の観点からは、すぐに要介護状態になるリスクが少ない世代に負担を強いられるかなど制度設計上、重要な内容があり賛否両論のまま結論を見出せないでいる。介護保険制度の被保険者・受給者範囲に関する有識者会議は、2007年５月21日に「介護保険制度の被保険者・受給者範囲に関する中間報告」を出し介護保険制度の普遍化概念について定義したことにとどまっていた。障害者自立支援法が2013年４月１日に障害

者総合支援法に改正されたため、今後の動向は不明確である。この論点は、明確な結論を出すことが大きな課題である。

　わが国の高齢化は全体的に進行するが、特に都市部での高齢化が見込まれている。向都離村現象は、過疎・過密を生み出してしまった。その結果、都市部における基盤整備のみならず、過疎地域における基盤整備は急務の課題である。

　すなわち、新たに創設された機関やサービス提供体系は、新たに定着するまで混乱期に入り国民はよりサービス利用に対して困惑せざるを得ない。

　本章では、介護問題の本質を検討し、介護保険制度のフレームワークを確認してきた。紙面の都合上、詳細な検討はできていないが大きな課題は示すことはできていると考える。今後の動向に注視していかなければならないといえよう。

注

1　機能的ADLという用語は、根本博司が「ケアワークの概念規定」という論文で使用したものである。この機能的ADLとは、手段的ADLより高次の活動能力でバランスの取れた食事を準備するとか、保険の書類を作成するというような能力と解している。

2　介護休業制度は、従来の「育児休業等に関する法律」が平成3年5月15日及び平成17年4月1日に改正され「育児休業等育児又は家族介護を行う労働者の福祉に関する法律」となったものである。また、同法は短期の介護休暇や制裁措置等を創設し強化を図るとして、平成22年6月30日に改正施行されている。

3　高齢者の医療の確保に関する法律は、老人保健法での保健事業や高齢者医療について踏襲し、新たに後期高齢者医療制度として創設したものである。しかし、後期高齢者医療制度の対象は、75歳以上の高齢者とし、保険料や窓口の負担増が問題となっている。

　　また、名称の使用についても後期高齢者を中心とする国民からは不満が相次

192

ぎ法律名称を変更せずに、通称「長寿医療制度」を表向きに使用している。

4　認認介護という用語は最近になって使用されている用語である。内容としては、認知症の高齢者が認知の高齢者を在宅で介護している状態のことを指している。用語の適切性には疑問が残るところであるが慣例として用いたものである。

引用・参考文献

1 ）一番ヶ瀬康子監修・日本介護福祉学会設立準備委員会編（1993）『介護福祉学とは何か』ミネルヴァ書房、6 頁

2 ）一番ヶ瀬康子監修・日本介護福祉学会編（2000）『新・介護福祉学とは何か』ミネルヴァ書房

3 ）加藤博史　杉本敏夫編著『新しい社会福祉』中央法規出版

4 ）小池妙子編（2002）『社会福祉選書12介護概論』建帛社、15頁

5 ）（一財）厚生労働統計協会編集（2018）『保険と年金の動向・厚生の指標　増刊・第65巻第14号　通巻第1026号』（一財）厚生労働統計協会、11頁

6 ）厚生労働省　老健局高齢者支援課　認知症・虐待防止対策推進室（2014）「認知症施策の現状」https://www.mhlw.go.jp/file/05-Shingikai-11901000-Koyoukintoujidoukateikyoku-Soumuka/0000069443.pdf（2020.3.2アクセス）

7 ）国立社会保障・人口問題研究所編集（2008）『季刊社会保障研究Vol44．No.1、Summer2008（通巻180号）』毎日学術フォーラム、106頁

8 ）澤田信子・西村洋子編著(2007)『新・社会福祉士養成テキストブック12介護概論』ミネルヴァ書房、62頁

9 ）杉本敏夫・宮川数君・小尾義則編著（2004）『新・社会福祉学講義』ふくろう出版

10）袖井孝子監修・ミズ総合企画編著（2005）『これでわかる介護保険制度Q＆A』ミネルヴァ書房

11）財団法人長寿社会開発センター（2008）『介護保険の被保険者・受給者範囲シンポジウム報告書』財団法長寿社会開発センター

12）財団法人長寿社会開発センター（2008）『介護保険の被保険者・受給者範囲について』財団法長寿社会開発センター

13）堤　修三（2010）『介護保険の意味論　制度の本質から介護保険のこれからを

考える』中央法規出版、129頁

14) 内閣府編集（2019）『高齢社会白書』（平成30年版）32頁

15) 仲村優一他編集（1993）『現代社会福祉事典』全国社会福祉協議会、256頁

16) 根本博司（1991）「ケアワークの概念規定」『明治学院論叢』第476号、明治学院大学社会学会、100頁

第12章　保育をめぐる課題と子育て支援制度

第1節　保育の歴史

1）戦前の保育や子育て支援について

　わが国では明治時代の近代化にともなう社会情勢の変化に対応する形で、十分な育児が出来ない家庭の乳幼児を対象とした施設が様々な場所で作られた。子守をする子ども達が授業に集中できるように託児機能を備えた子守学校、紡績や製糸の工場で働く職工の福利厚生としての工場託児所、農繁期に乳幼児を預かる農村保育事業などである。

　また、当時中流家庭以上の子ども達にのみ普及していた幼稚園について、貧困家庭の子どもにこそその必要性が高いと考えた民間の篤志家たちが貧民の子どものために作った幼稚園もあった。

　明治時代の終わりごろには日露戦争により働き手が出征し、貧困に陥った家庭のための戦時保育施設が内務省の指導により全国で実施された。

　太平洋戦争時には、「生めよ殖やせよ」をスローガンとした政策の下、母子保護対策としての保育所の重要性が増し、戦争の末期には疎開保育所も行われた。しかし、その保育内容は時局を反映した戦時色の強いものであった（汐見他、2017）。

2）戦後から1990年代までの保育や子育て支援について

　戦後児童福祉施設として制度化された保育所は、全国に急速に普及していった。1950年代には「働く母の会」による共同保育の活動も生まれ、1960年代の無認可共同保育所運動として全国に広まっていった（汐見他、2017）。

　高度経済成長による社会変動の中、家族機能が縮小し、保育への期待は

社会的に高まって行った。しかし、社会の風潮としては、子どもは母親が面倒を見ることが奨励されていた。国の方針も、「母親には、わが子を保育する義務と責任を果たすことが期待されている」とし、行政の役割としては、若者や若い母親たちに母親の責任を強調し、少なくとも乳幼児期においては他の労働よりも子どもの保育のほうを選びやすいように、施策の面において配慮することだとしていた（中央児童福祉審議会、1963）。よって保育所に子どもを預けることは、保護者に何らかのうしろめたさを感じさせるようなものであり、子育ての相談に乗るということは、母親に母親たる役割を担わせやすくすることであった。

　1970年代後半には核家族化が進行し、都会に住む若い夫婦の子育ての悩みが大きくなってきた。1984年に都市部の指定保育所で行われた「乳幼児健全育成事業」が育児に関する相談の始まりとされており、その後 1987年には「保育所機能強化費」の予算措置がとられ、1989年には「保育所地域活動事業」が創設され、限定的ではあるが徐々に子育てにまつわる相談が事業化され始めた（西川、2018）。

3）1990年代からの少子化対策や児童虐待問題と保育

　1990年の1.57ショックは、国民に高齢化と少子化の現実を叩きつけたものであったと言えよう。1994年には「21世紀福祉ビジョン～少子・高齢社会に向けて」が出された。これを受けて提示された「エンゼルプラン」およびその具体的数値目標である「緊急保育対策等5か年計画」をはじめとして、現在に至るまで、多くの少子化対策が講じられ、その中で様々な保育事業や子育て支援事業が展開されてきた。

　少子化対策が始まった当初は、ほぼ国による保育体制の整備にのみ重点が置かれていたが、やがて仕事と育児の両立について考えられるようになり、若者への取り組みも考えられるようになり、行政だけでなく各事業所にも次世代育成支援対策推進法に基づく一般事業主行動計画（従業員の子育て支援のための計画）が課せられ、乳幼児だけではなく小学生の支援も対象になる等、単純に子どもを増やす事を主眼とするのではなく、次世代

をよりよく育成する社会の構築をめざし、そのために子育て支援の施策がつくられてきた。

　また時を同じくして児童虐待が大きな社会問題となり、保育所にもこれに対する業務としての保護者支援が課せられるようになった。子育てについての相談は、長らく特別な子育てニーズがある一部の親のためのものであったが、子どもの育つ環境の悪化や現代社会における子育ての困難さを背景として、あらゆる子どもとその親を対象としたものとなっていった。

　具体的には1997（平成9）年の児童福祉法改正時に、保育所に「地域における子育て支援サービスを提供する施設としての機能」が付与され、2006年には小学校就学前の子どもに対する教育及び保育とともに、保護者に対する子育て支援をも総合的に提供する施設として、認定こども園が創設された。また2017年度からは、あらゆる世帯の妊娠から子育てにかかる相談をワンストップで受け付ける窓口として、各市町村に子育て世代包括支援センター（母子健康包括支援センター）の設置が努力義務化されている。

4）幼保一元化と認定こども園

　保育を行う施設と幼稚園を一体化することは、100年ほど前から度々議論されてきたトピックである。だが、縦割り行政である事や、世間一般に認識されている機能の違いなどから、なかなか実現することがなかった。

　しかし2000年前後から、幼保一元化の動きがにわかに進んだ。それは①仕事と子育ての両立のための支援が進み、保育所から小学校に就学する子どもが増えてきた中で、幼稚園・保育所を問わず、希望する全ての子どもに対し、生涯にわたる人格形成の基礎である質の高い幼児教育・保育を保障するという主として幼児教育の振興という視点、②社会全体で次代を担う子どもの育ちを支えるという主として次世代育成支援の視点、③家庭や地域の教育力・子育て力の低下、保護者の多様なニーズ等を踏まえ、家庭や地域の実情、保護者の多様なニーズ等に応じ、希望する全ての子ども及び子育て家庭を支援するという幼児教育の振興・次世代育成支援共通の視

点などから、いわば時代の要請に基づいて、具体的な議論に発展したのである。これらを踏まえ、「質の高い幼児教育・保育の一体的提供」「保育の量的拡大」「家庭における養育支援の充実」の3つを目的として、幼保一元化がすすめられていった（内閣府、2011）。

　幼保一元化の流れの中で生まれてきた施設が「認定こども園」である。これは保育と教育だけでなく、子育て支援の機能も併せ持つ施設として2006年に新たにつくられたものである。4類型あるこども園のうちのひとつ、幼保連携型認定こども園では「認定こども園教育・保育要領」が適用され、保育士と幼稚園教諭の両方の免許を持つ保育教諭が配置されるなど、一体化の取り組みは進んでいる。2018年4月1日の時点で、全国には認定こども園が6,160園あり、この数は年々増加している（厚生労働省、2019）。

第2節　現代の子育て支援制度と保育

1）子ども・子育て支援新制度の中の保育

(1)　子ども・子育て支援新制度　成立の経緯

　2012年8月「社会保障と税の一体改革」の関連法案として、「就学前の子どもに関する教育、保育等の総合的な提供の推進に関する法律の一部を改正する法律」「子ども・子育て支援法」「子ども・子育て支援法及び総合こども園法の施行に伴う関係法律の整備等に関する法律」の、いわゆる子ども・子育て関連三法が成立した。これにより、幼保連携型認定こども園が学校、児童福祉施設および第2種社会福祉事業として位置づけられ、市町村には子ども・子育て支援事業計画の策定が、都道府県には各市町村をサポートするための子ども・子育て支援事業支援計画の策定が義務付けられ、国はその基本指針を策定することが決められた。内閣府には子ども・子育て支援会議が設置されることとなり、都道府県・市町村も同会議の設置に努めることとされた。

　この3つの法律に基づき、「子ども・子育て支援新制度」がスタートし

た。(内閣府子ども子育て本部、2019)。幼稚園や保育園だけではなく、様々な子育て支援についても地域において一体的に提供されるシステムである。

(2)　子ども・子育て支援新制度の概要

　子ども・子育て支援新制度は、大きく分けて「子どものための現金給付」「子どものための教育・保育給付」「子育てのための施設等利用給付」「地域子ども・子育て支援事業」「仕事・子育て両立支援事業」の5つからなる。それぞれの詳細は表12-1のとおりである。

2)　多様な保育ニーズと地域子ども・子育て支援事業

　現代の日本には、時間や業種など様々な働き方がある。また、子どもの置かれている社会状況も多様化している。これにあわせて保育の現場には、量的なニーズだけではなく、時間的・質的にも多様なニーズが生まれている。今では以下のような事業が開発され、地域子ども・子育て支援事業として展開されている（内閣府子ども子育て本部、2019)。

①利用者支援事業

　子ども及び保護者等の身近な場所で、教育・保育・保健その他の子育て支援の情報提供及び必要に応じ相談・助言等を行うとともに関係機関との連絡調整を実施する事業である。

　子ども・子育て支援新制度の中では市町村の子ども・子育て支援事業計画と車の両輪のような事業として位置づけられており、地域の子育て家庭にとって適切な施設・事業の利用の利用実現をめざしている。

②地域子育て支援拠点事業

　子育て中の親子が気軽に集い、相互交流や子育ての不安・悩みを相談できる場の提供と交流促進を実施する事業である。また、子育てなどに関する相談・援助の実施、地域の子育て関連情報の提供、子育てに関する講習

表12-1　子ども・子育て支援新制度の概要

子ども・子育て支援給付	子どものための現金給付	【児童手当法に基づく児童手当の給付】
	子どものための教育・保育給付	【認定こども園・幼稚園・保育所・小規模保育等の利用のための給付】 施設型給付：認定こども園、保育所、幼稚園 地域型保育給付：小規模保育(利用定員6人以上19人以下の保育事業) 　　　　　　　　家庭的保育（利用定員5人以下の保育事業） 　　　　　　　　居宅訪問型保育（保育を必要とする子どもの居宅で実施する保育事業） 　　　　　　　　事業所内保育（主として従業員の子どもと、地域の保育を必要とする子どもを対象とした事業） ※地域型保育給付の対象は0歳～2歳 ※給付を受ける場合、子どもは市町村の認定を受けなければならない
	子育てのための施設等利用給付	【認可外保育施設や預かり保育などの利用に係る支援】 市町村の認可を受けた、以下の施設を利用した際に要する費用を支給 ・子どものための教育・保育給付の対象外である幼稚園 ・特別支援学校の幼稚部 ・認可外保育施設（☆） ・預かり保育事業 ・一時預かり事業 ・病児保育事業 ・子育て援助活動支援事業（ファミリー・サポート・センター事業） ※支給要件：以下のいずれかに該当する子供であって市町村の認定を受けた者 ・3歳から5歳まで（小学校就学前まで）の子供 ・0歳から2歳までの住民税非課税世帯の子供であって、保育の必要性がある子供 ☆認可外保育施設については、児童福祉法に基づく届出がされ、国が定める基準を満たすものに限るが、5年間は経過措置あり。
地域子ども・子育て支援事業		【地域の実情に応じた子育て支援】 ・利用者支援事業　　　・地域子育て支援拠点事業　　　・一時預かり事業 ・乳児家庭全戸訪問事業　　　・養育支援訪問事業等 ・子育て短期支援事業 ・子育て援助活動支援事業（ファミリー・サポート・センター事業） ・延長保育事業　　　・病児保育事業　　　・放課後児童クラブ ・妊婦健診　　　・実費徴収に係る補足給付を行う事業 ・多様な事業者の参入促進･能力活用事業
仕事・子育て両立支援事業		【仕事と子育ての両立支援】 企業主導型保育事業：企業が2016年4月以降に新設した保育施設の整備費・運営費を補助 企業主導型ベビーシッター利用者支援事業： 多様な働き方をしている労働者がベビーシッター派遣サービスを利用する際の利用料の一部助成およびベビーシッター派遣サービス 従事者の研修・啓発活動の実施

内閣府子ども・子育て本部　「子ども・子育て支援新制度について」（2019年6月）および内閣府「幼児教育・保育の無償化に関する都道府県等説明会　資料2-1」（2019年5月）を元に筆者が作成

等も行う。

③妊婦健康診査

妊婦の健康保持および増進のため、妊婦に対する健康診査として健康状態の把握、検査計測、保健指導を実施するとともに、妊娠期間中の適時に必要に応じた医学的検査を実施する事業である。

④乳児家庭全戸訪問事業

生後4か月までの乳児のいるすべての家庭を訪問し、育児等に関する様々な不安や悩みを聞き、相談助言を行う事業である。また、子育て支援に関する情報提供や養育環境の把握を行い、支援が必要と判断された場合には、適宜ケース会議を行い、適切なサービスの提供につなげる。乳児のいる家庭と地域社会をつなぐ最初の機会とすることにより、乳児家庭の孤立化を防ぎ、乳児の健全な育成環境の確保を図る事を目的としている。

⑤－1　養育支援訪問事業

望まない妊娠や、育児ストレス、虐待リスクを抱える家庭など、養育支援が特に必要であると判断される家庭に対して、保健師や助産師、保育士等が居宅を訪問し、養育に関する助言・指導を行う事業である。専門的な相談支援者だけでなく、研修を受けた子育て経験者やヘルパーなどによる育児・家事援助の支援もある。

⑤－2　子どもを守る地域ネットワーク機能強化事業（その他要保護児童等の支援に資する事業）

要保護児童対策地域協議会（子どもを守る地域ネットワーク）の機能強化を図るため、調整機関職員やネットワーク構成員の専門性強化、およびネットワーク機関の連携強化を図る取り組みを実施する事業である。訪問事業との連携により、児童虐待の発生防止、早期発見・早期対応に資することを目的とする。

⑥子育て短期支援事業

保護者の疾病等の理由により家庭において養育を受けることが一時的に困難となった子どもについて、児童養護施設や母子生活支援施設、乳児院、保育所、ファミリーホーム等で預かる事業である。短期入所生活援助（ショートステイ）事業と夜間養護等（トワイライトステイ）事業がある。

⑦子育て援助活動支援事業（ファミリー・サポート・センター事業）

乳幼児や小学生の子どもがいる子育て中の保護者であって、子どもの預かり援助を希望する者（依頼会員）と当該援助を行いたい者（提供会員）を会員とする組織により、保育所等までの送迎、保護者の病気や外出にともなう一時的な預かり、早朝・夜間などの緊急預かり対応等、育児の助け合いを行う相互援助活動に関する連絡・調整を行う事業である。

⑧一時預かり事業

主として昼間において、家庭で保育を受けることが一時的に困難になった乳幼児を、認定こども園や幼稚園、保育所、地域子育て支援拠点その他の場所において一時的に預かり、必要な保護を行う事業である。

⑨延長保育事業

保育認定を受けた子どもについて、通常の利用日・時間以外の日や時間において認定こども園、保育所等において保育を行う事業である。

⑩病児保育事業

子どもが病気の際に自宅での保育が困難な場合、病院・保育所等において病気の子どもを一時的に保育する事業である。保育所等で保育中に体調不良になり、保護者が迎えに来るまでの間、緊急的な対応として子どもを送迎する送迎対応も2016年度に創設された。

⑪放課後児童クラブ（放課後児童健全育成事業）

　共働き家庭など留守家庭の小学校に就学している子どもに対して、学校の余裕教室や児童館、公民館などで、放課後等に適切な遊びおよび生活の場を与えてその健全な育成を図る事業である。現在この事業は、全ての小学校区で、文部科学省の「放課後子供教室」と一体的または連携して実施する事が目指されている。

⑫実費徴収に係る補足給付を行う事業

　保護者の世帯収入を勘案して、文房具購入費や行事の参加費などの一部を補助する事業である。また、子ども子育て支援新制度に移行していない幼稚園における低所得者世帯等の子どもの食材費（副食費）に対する助成もこれに含まれる。

⑬多様な事業者の参入促進・能力開発事業

　市町村が新規参入事業者に対して事業経験のある者を活用した巡回支援などを行うための費用の一部を補助する事業である。また、健康や発達に特別な支援を要する子どもを受け入れる私立認定こども園の設置者に対しても、職員の加配に必要な費用の一部を補助する。

３）幼児教育・保育の無償化

　2017年に発表された「新しい経済政策パッケージ」では、生産性革命と人づくり革命をもって、それまで高齢者中心だった社会保障制度を全世代型制度に転換し、少子高齢化に立ち向かうことを目指した。また、2018年の「経済財政運営と改革の基本方針2018（骨太の方針2018)」の副題は"少子高齢化の克服による持続的な成長経路の実現"となっており、人づくり革命や生産性革命に加えて、働き方改革などもうたわれた。

　これらを踏まえて、2019年10月より、幼児教育・保育の無償化が始まった。幼稚園、保育所、認定こども園などを利用する３歳から５歳のすべて子どもと、住民税非課税世帯の０歳から２歳までの子どもの利用料が原則的に

表12-2　2019年10月からの幼稚園、保育所、認定こども園等の無償化について

	0～2歳児	3～5歳児
認可保育所	住民税非課税世帯は無償※1※2	無償
認定こども園	住民税非課税世帯は無償※1※2	無償
子育て支援新制度の対象である幼稚園		無償
地域型保育	住民税非課税世帯は無償※1※2	無償
企業主導型保育事業（標準的な利用料）	これまでの利用料から年齢に応じた一定の金額が減額	これまでの利用料から年齢に応じた一定の金額が減額
認可外保育施設等※3	住民税非課税世帯に対し、月額42,000円まで無償	月額37,000円まで無償
子育て支援新制度の対象ではない幼稚園		自治体や各施設が定める利用料（月額25,700円まで補助あり）
幼稚園の預かり保育※4		最大月額11,300円まで無償
就学前障害児の発達支援※5		満3歳になって初めての4月1日から小学校入学までの3年間が無償。幼稚園・保育所・認定こども園と併用する場合、両方とも無償

※1　利用時の最年長を第1子として第2子は半額、第3子は無料（ただし年収360万円未満相当世帯は第1子の年齢は不問）。
※2　食費や行事費、通園送迎費など、実費として徴収されている費用は保護者負担だが、年収360万円未満相当世帯または第3子以降の子どもは副食費が免除。
※3　自治体独自の認証保育施設、ベビーホテルやベビーシッター、一時預かり事業、病児保育事業、ファミリーサポートセンター事業等も含まれる。
　　都道府県に届け出し、国が定める基準を満たす施設のみ（ただし基準を満たしていない場合でも5年間の猶予措置あり）。
※4　無償化の対象になるためには、「保育の必要性の認定」を受けなければならない。
※5　利用料以外の食材料費、医療費、行事費などは保護者負担。
○　「幼児教育・高等教育無償化の制度の具体化に向けた方針（平成30年12月28日関係閣僚合意）」をもとに、筆者が作成

無料になった。詳しくは表12-2の通りである。

第3節　今後の課題

1）待機児童問題

　待機児童問題は少子化が問題とされ始めた1990年代初頭から長らく存在していたが、少子化が深刻になるにつれ、徐々にクローズアップされてきた。さらにこの問題が近年強く意識されるきっかけとなった出来事が、

2016年に投稿された「保育園落ちた日本死ね」というブログである。これを受けてネット上には切実な声が多数寄せられ、国会前での抗議デモや署名活動などの動きも見られた。政府内にも待機児童問題に言及する機運が急速に高まり、より一層の対策が講じられた。

　政府は2013年からの５年間で「待機児童解消加速化プラン」に基づき、待機児童の解消に尽力した。その結果、当初政府の保育所定員数の増加目標は50万人分であったが、これを上回る53.5万人の増加を達成した。さらに2017年の「子育て安心プラン」では2022年度末までに32万人の保育の受け皿の確保をうたった。同年11月にはさらにその目標達成を２年前倒しして、2020年度末までに達成するために予算を確保することを発表した。これにより、同年に待機児童がゼロになるという試算である。さらには2022年度末にはこの待機児童ゼロを維持しつつ、25歳〜44歳の女性の就業率を80％まで上げる事を目標としている（厚生労働省、2017）。

　2019年４月１日現在、全国には196,772人の待機児童が存在している。ところが、待機児童がいる市区町村は全市町村の約25％となっており、その他の自治体には待機児童はいない。首都圏と近畿圏の都市部とそのベッドタウンである都府県、それから指定都市および中核市に全待機児童の約63％が集中している（厚生労働省、2019）。都市部では土地代が高すぎて保育園を建設するための土地の確保が難しい場合や、保育園を建設しようとすると地元からの反対運動がある場合など、新たな保育所を建設しようとしても様々なハードルがある。

　また、沖縄県も待機児童が大変多い（同発表で全国２位）が、これについては歴史的経緯もあり認可保育所の整備が遅れている等、首都圏とはまた違った独特の理由がある（内閣府、2010）。

　以上を踏まえると、待機児童問題を国の大きな問題として考える事は当然として、これと同時にその地域の特性に応じた対策を自治体ごとに講じる必要があると考えられる。

　国は、待機児童のいる市町村を①過去２年で待機児童数が大きく減少した自治体②見込みを上回る申し込み者数の増加により、待機児童が増加し

た自治体③待機児童数が３年間１〜100人台で推移している自治体の３タイプに区分けし、そのタイプに見合った支援を実施するとしている（厚生労働省、2018）。また、2018年には待機児童解消を促進する方策として、都道府県子ども・子育て支援事業支援計画をより実効的なものとするため、都道府県に保育人材の確保や保育所等の広域利用等といった市町村の取組を集中的に支援する待機児童対策協議会が設置可能となった。

　様々な施策において、地方自治体の役割が重視されているが、待機児童問題もまた、地域ごとの実情を踏まえて、対策を講じられなければならない問題なのである。

２）保育の働き手をどのように確保するか

　保育現場は現在、深刻な人手不足に陥っている。保育士が十分確保できない保育所では、新規入所希望の子ども達を受け入れられなかったり、在籍している子どもを転園させなければならなかったりといった事態も発生している。

　しかし、保育士資格を持った人が少ないわけではない。2013年の時点で、全国に約119万人の保育士登録者が存在していたが、実際に保育職で勤務していた人は約43万人であった（厚生労働省、2015）。保育士資格保有者の過半数が潜在保育士ということになる。潜在保育士が多い理由については、様々な理由が指摘されている。

　2014年に東京の保育士を対象に行われた調査では、現在退職したい理由として１位から順に「給料が安い」「仕事量が多い」「労働時間が長い」「職場の人間関係」となっている。また実際に退職した理由としても１位から順に「職場の人間関係」「給料が安い」「仕事量が多い」「労働時間が長い」となっている。これらの回答から、保育の現場の余裕のなさが見える（東京都保健福祉局、2019）。

　このうち、保育士の給与については近年、国も多くの対策を講じてきた。その一つとして、政府は保育士の待遇向上と専門性の強化のため、2013年からは保育士の勤続・経験年数に応じた賃金改善や、キャリアアップの取

り組みを行った保育園に対して、保育士の給料を上げるための補助金を支給する「保育士処遇改善等加算」を導入している。さらに2017年度からは「保育士処遇改善等加算Ⅱ」として、保育士にキャリアアップ制度がつくられた。この制度により、一定の現場経験ののち、保育士等キャリアアップ研修を受講した保育士は、園内の職員数によって人数の制限はあるが「副主任保育士」「専門リーダー」「職務分野別リーダー」といった役職に就くことが出来、この役職には手当がつくこととなった。これらの様々な施策により、2012年から7年間で保育士の給与は約13％アップし、キャリアアップ研修の対象者はさらに最大4万円が加算されることとなった（厚生労働省、2019）。

　とはいえ、まだまだ民間企業との収入の差はある。また、長時間労働の問題や仕事量の多さ、人間関係のあり方等にも、具体的な対策が不足している。

　本来、保育の仕事はやりがいや喜びが多い仕事である。また、保育園や認定こども園では、職員のために独自の福利厚生システムを作っている法人もあり、民間レベルでは様々に工夫がなされている。保育士の給与面や待遇面について、国もさらなる改善を重ね、誇りと喜びをもって働ける保育現場を作っていく必要がある。

3）保育の質の確保

　現在世界では、様々な研究により、乳幼児期の教育保育の質の高さがその子どもの成長や、その国の経済全体にも影響を与えるという考え方が広まっている。特に2007年、アメリカのヘックマン（Heckman, J）による研究は、世界に非常に大きなインパクトを与えた。ヘックマンは質の高い幼児教育を受けることで、その後の学力や将来の所得向上、逮捕歴の低下等につながるということ、さらには乳幼児期に、テストで測れるような認知能力だけではなく、意欲や長期計画を実行する能力、他者との協議に必要な社会的・感情的制御といった非認知能力を伸ばすことが大切である事などを提唱した（ヘックマン、2015、10-44）。

乳幼児期に非認知能力を涵養するためには子ども主体の教育・保育環境を保障すること、つまり保育者が子ども一人ひとりに手厚く関わることができる人員配置や、子どもが主体的に遊び込めるような環境の保障が欠かせない。

　ところが、欧米諸国との比較調査によると、わが国の幼児教育や保育における「職員の配置基準は低く、特にグループ規模が大きい」という事が判明している（全国社会福祉協議会児童部会、2008）。職員各々が子ども一人ひとりに寄りそった保育をしたいと考えていても、子どもの生活の安全性を維持しつつ、日々のプログラムを実行していくためには、多くの保育は一斉的・画一的にならざるを得ないという現実がある。

　もちろん、各現場の職員は限られた人数であっても、その中でより良い保育をしようと努力は重ねている。しかし、個々人の努力には限界がある。現場職員の疲弊を招かないためにも、国が中心となって、より質の高い保育を保障する体制を整えねばならない。

４）男性の育児休業取得率の低さ

　わが国の男性の育児休業の取得率は大変低い。2018年度の育児休業取得率は、女性が82.2％であるのに対し、男性が6.16％であった。休暇期間についても、女性は約60％が10カ月以上18カ月未満となっている一方、男性は約７割が２週間未満、そのうち約35％にいたっては５日未満と、大幅に少なくなっている。

　2008年度は男性の育児休業取得率が1.23％であったことを考えると、ここ10年で約５％と少しずつではあるが取得率が上昇しているという事実はある（厚生労働省雇用環境均等局、2019）。しかし、男女の所得格差もあり、子育て家庭の実態としては男性が主に稼ぎ、女性はパートやアルバイトで補助的な働き方をしているという家庭の方が依然として多い。主に稼いでいる男性の方が長い育児休業をとると、ある程度の所得補償はあるとしても、その世帯の収入は大きく減ってしまう。そうなると長い育児休業をとることに躊躇することが多いと考えられる。また、男性が育児休業をとる

事に対して、積極的な支援を行っている企業はまだまだ少ない。

　長らく女性の仕事とされてきた子育てや家事について、近年は徐々に変化がみられている。性別にかかわらず、家事や子育て、そして仕事にどう関与していくか、社会全体で考える時期が来ている。

5）社会全体の働き方を見直す

　24時間型社会ともいうべき現代の日本社会では、真夜中や早朝の労働、いわゆる非典型時間帯労働や長時間労働があることが当たり前になっている。労働時間の長時間化は保育時間の長時間化、さらには保育士の労働時間の長時間化にもつながり、保育サービスの質の低下を招く。

　わが国には子どもがいる家庭だけではなく、家族に介護を要するメンバーがいたり、社会で働くには配慮が必要な人がいたりと、多様な事情を抱える家庭がある。昨今、企業内保育所やテレワーク、女性の再雇用制度などの対応が少しずつ増えてきている。国全体が、早朝や深夜、土日祝日などの時間の働き方を根本的に見直し、またそれぞれの家庭の多様性を踏まえ、「本当にその24時間サービスが必要か」「働く人にとって何が負荷となり、どのような働き方が望ましいのか」という事を改めて考えることが、働きやすく、子育てもしやすい社会をつくるのではないだろうか。

引用・参考文献

1）厚生労働省（2015）「第3回保育士等確保対策検討会　資料1　保育士等に関する関係資料」

2）厚生労働省（2017）「子育て安心プラン」について

3）厚生労働省（2018）「待機児童対策協議会について」

4）厚生労働省（2019）「待機児童解消に向けた取組の状況について」

5）厚生労働省（2019）「保育所等関連状況取りまとめ（平成31年4月1日）」

6）厚生労働省雇用環境・均等局（2019）「平成30年度雇用均等基本調査」

7）汐見稔幸・松本園子・髙田文子他（2017）『日本の保育の歴史　子ども観と保

育の歴史150年』萌文書林

8）社会福祉法人全国社会福祉協議会児童福祉部（2008）『機能面に着目した保育所の環境・空間に係る研究事業総合報告書』社会福祉法人全国社会福祉協議会

9）中央児童福祉審議会保育制度特別部会（1963）「保育問題をこう考える－中間報告－」

10）東京都保健福祉局（2019）「東京都保育士実態調査報告書」

11）内閣府（2010）「沖縄待機児童対策スタディ・グループ提言」

12）内閣府（2018）「幼児教育・高等教育無償化の制度の具体化に向けた方針」

13）内閣府(2019)「幼児教育・保育の無償化に関する都道府県等説明会　資料2－1」

14）内閣府子ども・子育て新システム検討会議作業グループ（2011）「基本制度ワーキングチーム、幼保一体化ワーキングチーム　第六回会合議事　参考資料」

15）内閣府子ども・子育て本部（2018）「認定こども園に関する状況について（平成30年4月1日現在)」

16）内閣府子ども・子育て本部（2019）「子ども・子育て支援新制度について」

17）内閣府政策統括官（共生社会政策担当）、文部科学省初等中等教育局長、厚生労働省雇用均等・児童家庭局長（2015）「施設型給付費等に係る処遇改善等加算について」

18）西川友理（2018）「保育士養成課程における子育て支援に関する教育についての一考察」西山学苑研究紀要13、83－100

19）社会福祉法人日本保育協会（2010）『みんなで元気に子育て支援　地域における子育て支援に関する調査研究報告書』トロル

20）ジェームズ・J・ヘックマン著、古草秀子訳（2015）『幼児教育の経済学』東洋経済新報社

第13章　医療問題と社会福祉

第1節　医療問題の現状

　現代の我が国は、少子高齢社会の到来、生活習慣病の増加による疾病構造の変化、医療技術の高度化などにより、患者、家族が抱える問題が複雑かつ多様化してきている。医療現場は、貧困など経済的理由により医療のアクセスを失い病状が重篤になってからの来院が増加している。また、平均寿命の延びによって寝たきりや認知症などの発生が増加する75歳以上の「後期高齢者」が増え、医療ニーズが高まってきている。入院を機に廃用症候群や医療的な処置が必要になり、患者の日常生活動作（ADL：activities of daily living）は入院前より悪化することがある。自宅から入院された患者であっても入院前のADLが確保できなければ、転院・施設入所となり、制度やサービスが存在しても在宅生活に結び付ける支援が困難な場合がある。医療機関においては、「在院日数の短縮化」もあり、高齢者や精神障害者の入院期間の長期化は一般に「社会的入院」と呼ばれている。これは核家族化や家族機能の変化によって家庭での受け入れが困難になったことや、精神障害などの場合は家族や地域の受け入れ体制たとえば退院後の社会復帰施設や雇用などの受け入れ基盤の整備が不十分であることが要因の一つと考えられる。

　このような状況の中、高齢者や障害者、また慢性疾患、精神疾患など継続的に医療を必要とする人々が住み慣れた地域でその人らしい生活ができるように在宅における介護サービスや配食、見守り訪問といった生活支援サービス、介護予防などの保健サービスなどと連携して、地域で医療が柔軟かつ連続的に提供されるためのしくみづくりが求められている。

第2節　医療における専門職の役割

1）チーム医療とは

　日本国憲法25条第1項には「すべて国民は、健康で文化的な最低限度の生活を営む権利を有する」と明記されている。健康の定義は1948年の世界保健機関（WHO）憲章によると、「身体的・精神的・社会的に完全に良好な状態であり、たんに病気あるいは虚弱でないことではない」としており、健康には社会的要因が大きくかかわっていると明確に定義している。社会参加への可能性や精神的な充実など、生活の質（Quality of Life：QOL）を考慮し健康を維持・増進させるためには保健、医療、福祉の連携が必須であり、チームでケアを提供する「チーム医療」が重要となる。チーム医療とは、医師の指示によって業務を行う立場にある保健・医療・福祉の専門職が、医師と対等な関係のチームを作り、連携し協力し合って治療に関わっていくことを意味している。フォーマルな組織だけでなく、ボランティア団体や患者会などインフォーマルな組織とも協働し、それぞれの専門的な視点から支援ができるように専門性を尊重したチームを作ることが求められる。

　他機関や他職種と連携するチーム医療の維持・発展のためにはケースカンファレンスが有効であり、的確なアセスメントとプランを立て、共通の目標に向かって患者や家族を支援することにより、早期の問題解決につながると考える。

2）ケースカンファレンスとは

　ケースカンファレンスでは、治療や社会復帰をどのように進めていくかについて、患者に関わる多数の職種が情報を共有して、一人ひとりの患者の病状や生活上のニーズを確認し、それをふまえて今後の方針を検討する。チームの一員として患者や家族も同席する場合がある。ケースカンファレンスは、患者や家族のみならず組織の質の向上にもつながるといった大き

な利点がある。たとえば、複数の視点で客観的にケースを振り返り考察することで、多角的に患者、家族を捉えることができ、総合的な判断ができること、さらに専門性を生かした本来の任務を遂行でき、職員間の連帯感が高まるなどといった点である。方針の一致したケアが行えることによって問題解決がスムーズになり、患者と家族のウェルビーイング（well-being)[注1]につながることが何よりも大きな意義である。一人でケースを抱えることは、方向性を見誤る危険性と、援助者の孤立につながる可能性もあるため、ケースが困難であればあるほどチームで検討する必要があり、ケースカンファレンスは有効であるといえる。

　チームでのアプローチを効果的なものにするには、利用者の健康状態や

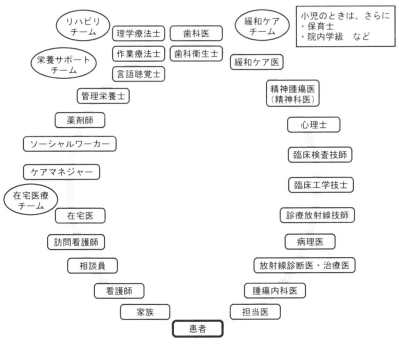

図13－1　チーム医療のイメージ

〔出典：国立がん研究センターがん情報サービスHP https://ganjoho.jp/hikkei/chapter2-1/02-01-05.html（2019年9月6日アクセス）（筆者一部加筆）〕

病状、生活状況やニーズについての情報及び課題を的確に把握し共有していることが大切な条件になるが、まずは医療と福祉が共に学び合い、各専門職の専門性、役割、業務内容について相互に十分な理解を持つことから始まるのではないだろうか。

3）医療ソーシャルワーカーとは

　病院、診療所、保健所などの保健医療機関において勤務するソーシャルワーカーを、医療ソーシャルワーカー（MSW：Medical Social Worker）という。精神保健医療の場で働くソーシャルワーカーを精神科ソーシャルワーカー（PSW：Psychiatric Social Worker）と呼んでいるが、その機能は基本的には共通している。多くの医療ソーシャルワーカーは社会福祉士の資格をもち、保健医療機関の医療チームの一員として医療と福祉をつなげるコーディネーターとしての重要な役割を担っている。

　主な業務は、厚生労働省より業務指針が出されており（表13－1）、社会福祉の立場から患者やその家族の抱える経済的・心理的・社会的問題の解決、調整を援助し、社会復帰の促進を図ることである。人は多くの場合、病気に関連して様々な問題に遭遇する。たとえば急な入院や、長期治療が必要な病気にかかると、生活費や医療費の支払いなどの経済的な問題、療養中の家事や育児、就労や近隣地域などでの自分の役割に関する不安や学業への焦りといった社会的な問題、後遺症や治らない病気と告げられたときの混乱などの心理的な問題が起こってくる。さらに家族や友人、職場などの人間関係にも問題が生じることがある。また入院前には気付いていなかった問題に病気をきっかけに気付くこともあり、MSWは、こうした問題を患者や家族と一緒になって解決方法を考え、患者自身が問題に向き合って自身で解決し、その人らしい生き方を実現できるように保健医療スタッフのみならず、地域の様々な関係機関と連携しながら支援を行っている。

表13－1　MSWの業務範囲

（1）療養中の心理的・社会的問題の解決、調整援助
①受診や入院、在宅医療に伴う不安等の問題の解決を援助し、心理的に支援すること。
②患者が安心して療養できるよう、多様な社会資源の活用を念頭に置いて、療養中の家事、育児、教育就労等の問題の解決を援助すること。
③高齢者等の在宅療養環境を整備するため、在宅ケア諸サービス、介護保険給付等についての情報を整備し、関係機関、関係職種等との連携の下に患者の生活と傷病の状況に応じたサービスの活用を援助すること。
④傷病や療養に伴って生じる家族関係の葛藤や家族内の暴力に対応し、その緩和を図るなど家族関係の調整を援助すること。
⑤患者同士や職員との人間関係の調整を援助すること。
⑥学校、職場、近隣等地域での人間関係の調整を援助すること。
⑦がん、エイズ、難病等傷病の受容が困難な場合に、その問題の解決を援助すること。
⑧患者の死による家族の精神的苦痛の軽減・克服、生活の再設計を援助すること。
⑨療養中の患者や家族の心理的・社会的問題の解決援助のために患者会、家族会等を育成、支援すること。

（2）退院援助
①地域における在宅ケア諸サービス等についての情報を整備し、関係機関、関係職種等との連携の下に、退院・退所する患者の生活及び療養の場の確保について話し合いを行うとともに、傷病や障害の状況に応じたサービスの利用の方向性を検討し、これに基づいた援助を行うこと。
②介護保険制度の利用が予想される場合、制度の説明を行い、その利用の支援を行うこと。また、この場合、介護支援専門員等と連携を図り、患者、家族の了解を得た上で入院中に訪問調査を依頼するなど、退院準備について関係者に相談・協議すること。
③退院・退所後においても引き続き必要な医療を受け、地域の中で生活をすることができるよう、患者の多様なニーズを把握し、転院のための医療機関、退院・退所後の介護保険施設、社会福祉施設等利用可能な地域の社会資源の選定を援助すること。なお、その際には、患者の傷病・障害の状況に十分留意すること。
④転院、在宅医療等に伴う患者、家族の不安等の問題の解決を援助すること。
⑤住居の確保、傷病や障害に適した改修等住居問題の解決を援助すること。

（3）社会復帰援助
①患者の職場や学校と調整を行い、復職、復学を援助すること。
②関係機関、関係職種との連携や訪問活動等により、社会復帰が円滑に進むように転院、退院・退所後の心理的・社会的問題の解決を援助すること。

（4）受診・受療援助
①生活と傷病の状況に適切に対応した医療の受け方、病院・診療所の機能等の情報提供等を行うこと。
②診断、治療を拒否するなど医師等の医療上の指導を受け入れない場合に、その理由となっている心理的・社会的問題について情報を収集し、問題の解決を援助すること。
③診断、治療内容に関する不安がある場合に、患者、家族の心理的・社会的状況を踏まえて、その理解を援助すること。
④心理的・社会的原因で症状の出る患者について情報を収集し、医師等へ提供するとともに、人間関係の調整、社会資源の活用等による問題の解決を援助すること。

⑤入退院・入退所の判定に関する委員会が設けられている場合には、これに参加し、経済的、心理的・社会的観点から必要な情報の提供を行うこと。
⑥その他診療に参考となる情報を収集し、医師、看護師等へ提供すること。
⑦通所リハビリテーション等の支援、集団療法のためのアルコール依存症者の会等の育成、支援を行うこと。

（5）経済的問題の解決、調整援助

（6）地域活動
①他の保健医療機関、保健所、市町村等と連携して地域の患者会、家族会等を育成、支援すること。
②他の保健医療機関、福祉関係機関等と連携し、保健・医療・福祉に係る地域のボランティアを育成、支援すること。
③地域ケア会議等を通じて保健医療の場から患者の在宅ケアを支援し、地域ケアシステムづくりへ参画するなど、地域におけるネットワークづくりに貢献すること。
④関係機関、関係職種等と連携し、高齢者、精神障害者等の在宅ケアや社会復帰について地域の理解を求め、普及を進めること。

〔出典：厚生労働省健康局長通知　医療ソーシャルワーカー業務指針〔平成14年11月29日健康発第1129001号〕〕

4）MSWによる実践事例

　ここでは、MSWが様々な機関と連携し、チームで支援を行った事例を紹介する。

　腹痛の訴えにより、1日に何度も来院するAさん（63歳女性）の件で、MSWは看護師から依頼を受けた。多いときは1日に3回程来院し、診察を受けるという。Aさんは、数年前からスーパーでの万引きや小学生に対する窃盗、無銭でタクシーに乗車するなどの行動を繰り返すため、何度も警察へ通報され、地域住民からの苦情が絶えなかった。夫は7年前に他界し、一軒屋に独居で、一人息子は近隣に住んでいる。離人症で、18年前から精神科病院に月に2回通院している。生活保護を受けており、精神障害者手帳の1級を持ち、サービスは居宅介護（ホームヘルプ）を週2回利用されている。

　初回面接では、「どこかいい所を紹介してほしい」と少し不安そうな表情で話された。息子について聴くと、「息子はいい子です。最近あまり会っていません。何かあったら、駆けつけてくれます」と話し、息子の連絡先を差し出してくれた。すぐに息子へ連絡すると、「本人とは直接関わりた

くないが、気になるので何かあれば、教えてほしい」とのことであった。地域に迷惑をかけているため、気になるが、深く関わりたくないのが本音のようである。MSWは、「その間に入り協力させて頂きたく、何かあれば報告する」と伝えた。本人が高齢者マンションへの入居を希望していることを伝えると、「受け入れ可能なところがあればお願いしたい」とのことであった。面接を繰り返す中で、本人が万引きや窃盗といった行動を繰り返す理由が少しずつ分かってきた。一人という、孤独感である。「地域に話ができる人がいない」、「何かあったときに心細い」、「誰かと話がしたい」などその言葉の一つひとつから、Aさんの孤独感が感じ取れた。そこで、MSWは、Aさんとの信頼関係の構築と居場所づくりに努めた。

　支援から３ヶ月が経ち、「ここの病院はいつも暖かく接してくれるから、好き」と話され、救急外来へ直接行かれていたAさんが、徐々に面接室に直接顔を出されるようになった。しかし、「さみしい」と何度も呟かれる。

　MSWは院内から居場所を地域に広げるために、情報共有が必要と考え、ケースカンファレンスをおこなった。１回目のケースカンファレンスには、町内会会長、市役所生活保護課のケースワーカー、精神科病院のPSW、配食サービスのホームヘルパー、障害福祉サービス事業所のホームヘルパー、社会福祉協議会のコミュニティソーシャルワーカー（CSW）、相談支援事業所の相談支援専門員、MSWが参加した。そこでアセスメントとプランニングを行なった結果、一人暮らしが本人にとってストレスになっていることから、MSWがサービス付き高齢者向け住宅や施設へ見学・入所相談をおこなうことになった。しかし、Aさんの万引き等の行動により、相談した４件ともすべてお断りされた。

　２回目のケースカンファレンスでは、地域で生活するための支援の見直しやサービスの導入をおこなった。現在利用しているホームヘルプサービスに加え、通院支援などの行動援護、訪問看護を追加することを決定した。多くの人がAさんに関わることで、病院へ来る頻度、警察の通報が減っていった。

　支援から８ヶ月が経過し、少しずつAさんの居場所が確立されていった

ある日、地域住民から聞いたNPO法人の作業所に関心をもったAさんは自主的に参加され、そこで、「友達ができました」と笑顔で話されている。

第3節　今後の医療福祉をめぐる課題

　我が国は高齢化や人口減少が進み、地域・家庭・職場という人々の生活領域における支え合いの基盤が弱まってきている中で、高齢者が高齢の配偶者を、または超高齢の親を高齢の子どもが介護する「老老介護」、認知症の夫や妻が認知症の配偶者などを介護する「認認介護」、独居高齢者の孤立などが社会問題化し、地域社会や家庭内でのつながりが希薄になってきている。世界保健機関（WHO）欧州地域事務局は、The solid facts: social determinants of healthにおいて、10の健康の決定要因を挙げており、その中の一つとして社会的排除（social exclusion）をあげている。社会的排除は疾病罹患率や死亡率を高める一因とされており、障害や社会的孤立により支援へのアクセスが困難になり、さらなる社会的排除がもたらされるという悪循環を生み出していると指摘されている。

　個人が健康でいきいきと暮らすためには、ソーシャルインクルージョン（社会的包摂）の社会を実現しなければならないということである。子どもから高齢者まですべての住民が地域で支え合いながら共に生きることが出来る社会を地域全体で支えていくことが重要であり、必要な医療および福祉サービスがどこにいても確実に提供される地域医療福祉システムの体制整備が求められている。たとえ要介護状態となっても本人が望めば可能な限り住み慣れた地域で自立した自分らしい生活が送れるように訪問医療（往診）や訪問看護、訪問リハビリテーションのさらなる整備や退院前に住宅を訪問し、危ないところはないか等、在宅で生活するためのケースカンファレンスは欠かせないものであろう。

　また、要介護状態となる前の元気な高齢者に対しては、手先や体全体を動かす機会を提供することで身体の機能を高め、各種の活動を通して生き

がいを見つけ、地域において参加する場が増えるよう介護予防アプローチ
を行うことが必要である。

　MSWの業務範囲で「退院援助」の占める割合が格段に大きな比重を占
めているが、医療政策上、在宅医療にシフトしていくことが顕著な現状か
ら、今後ますますMSWの業務の一つである地域活動が重要であり、病院
内のチーム医療から地域のネットワークへと広げることが期待されてい
る。それには、地域のフォーマルな社会資源（社会福祉協議会、地域包括
支援センター、福祉施設など）だけでなく、インフォーマルな社会資源（ボ
ランティア団体、NPO法人、自治会・町内会、民生委員・児童委員、老人
クラブ等の地域で活動する団体と地域に住む人々、新聞配達店や郵便・宅
配便の配達員、電気・ガス・水道などの検針員など）ともつながり、足り
ない社会資源を創造するといった地域づくりが今後ますます求められるの
ではないだろうか。

注

1　ウェルビーイングは、「個人の権利や自己実現が保障され、自分らしく生きる
　　ことができること」を意味している。1946年の世界保健機関（WHO）による「健
　　康」の定義として、身体的・精神的・社会的に良好な状態にあることを意味す
　　る概念として登場した。

引用・参考文献

1 ）World Health Organization: Commission on Social Determinants of
　　Healthfinalreport. Closing the gap in a generation: Health equity through
　　action on the social determinants of health. World Health Organization,
　　Geneva; 2008 http://www.who.int/social_determinants/thecommission/
　　finalreport/en/（2019年9月6日アクセス）
2 ）厚生労働省（2019）「平成30年度厚生労働白書」
3 ）厚生労働省医政局長通知（2002）「医療スタッフの協働・連携によるチーム医

療の推進について」平成22年4月30日付　医政発第0430第1号

4）厚生労働省健康局長通知　「医療ソーシャルワーカー業務指針」〔平成14年11月29日健康発第1129001号〕

5）杉本敏夫監修、立花直樹・波田埜英治編集（2017）『社会福祉概論』ミネルヴァ書房

6）内閣府（2018）「平成30年度高齢社会白書」

第14章　災害と社会福祉

第1節　災害と社会福祉の関係

　近年における主な災害の発生状況についてみると、表14-1にみるように、地震災害や台風等による豪雨災害等の種々の災害が毎年のように発生していることがわかる。災害対策基本法においては、災害について「暴風、竜巻、豪雨、豪雪、洪水、崖崩れ、土石流、高潮、地震、津波、噴火、地滑りその他の異常な自然現象又は大規模な火事若しくは爆発その他その及ぼす被害の程度においてこれらに類する政令で定める原因により生ずる被害をいう」と定義している（災害対策基本法第2条第1項）。この定義では災害について、自然災害に加え、「政令で定める原因により生ずる被害」も含めており、具体的には放射性物質の大量の放出や、多数の者の遭難を伴う船舶の沈没などの大規模な事故も含んでいる[注1]。このように災害対策基本法における災害とは、自然災害と事故災害の2つを含むことになるが、ここでは前者の自然災害に焦点を当ててみていきたい。

　災害についてはすでに表14-1において示したように、多くの人々の命を奪う現象である。一般的にこうした被害については、地震、津波、豪雨といった自然現象そのものによる脅威によって引き起こされるものとしてとらえられるが、災害による被害は、建物の耐震化を行うことや迅速な避難を行うなど、種々の防災・減災活動を行うことで軽減することができる。そしてこのようにみれば、災害による被害は、自然がもたらす外力のみによって生じるのではなく、社会が抱える脆弱性との相乗効果によって引き起こされるものとして解釈することができる（Wisne, B. et al, 2003）。つまり災害について理解するうえで、重要なことは、その脅威ばかりに目を向けるのではなく、災害の被害を左右する社会の抱える脆さや弱さといっ

表14－1　死者50名以上の近年の主な自然災害

1993（平成5）年 　北海道南西沖地震（M7.8）　死者230人 　平成5年8月豪雨　死者79人 1995（平成7）年 　兵庫県南部地震（阪神・淡路大震災）　死者6,437人 2004（平成16）年 　台風第23号　死者98人 　新潟県中越地震（M6.8）　死者68人 2006（平成18）年 　平成18年豪雪　死者152人 2010（平成22）年 　平成22年11月からの大雪　死者131人 2011年（平成23）年 　東北地方太平洋沖地震（東日本大震災）（M9.0）　死者22,199人 　平成23年台風第12号　死者98人 　平成23年の大雪等　死者133人 2012年（平成24）年 　平成24年の大雪等　死者104人 2013年（平成25）年 　平成25年の大雪等　死者95人 2014年（平成26）年 　平成26年8月豪雨（広島土砂災害）　死者77人 　御嶽山噴火　死者63人 2016年（平成28）年 　熊本地震（M7.3）　死者267人 2018（平成30）年 　平成30年7月豪雨（西日本豪雨）　死者224人

〔出典：内閣府『平成30年版防災白書』より一部改変〕

た脆弱性にも目を向けなければならない。

　また災害による被害は、すべての人に平等に降りかかるのかというと、そうではない。図14－1で示すように、東日本大震災の被災地である岩手県、宮城県、福島県の60歳以上の者の死亡率をみてみると約65％となっており、高齢者がより多くの被害を受けていることがわかる。また同じく、東日本大震災における障害者の死亡率についても、全住民の死亡率と比べ、障害者の死亡率が約２倍になることが報告されている（河北新聞、2012）。このように災害がもたらす被害は、不平等性を包含しており、その被害は社会福祉が支援の対象とする高齢者や障害者により大きな被害をもたらすことになる。

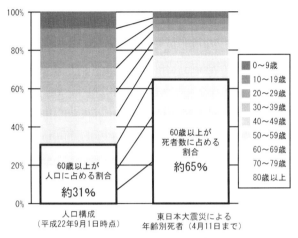

図14-1　東日本大震災における高齢者の死亡率（岩手県・宮城県・福島県）
〔出典：内閣府（2011）『平成23年度防災白書』〕

　社会福祉とは、高齢者や障害者といった支援を要する人々の暮らしを支える社会的な取り組みである。近年、自然災害が頻発している状況を踏まえるならば、この自然災害による問題は彼らの暮らしと切っても切り離せない問題である。そして社会福祉の立場から自然災害について目を向けるならば、これまでみてきたように、災害による被害の不平等性に着目し、これを解消するため、社会システムが抱える脆弱性に焦点を当て、その強化を図ることが期待される。

第2節　災害における人的被害

　災害における人的被害について、1995（平成7）年の阪神・淡路大震災、2011（平成23）年の東日本大震災、2016（平成28）年の熊本地震の3つの災害に着目してみていきたい。まず、阪神淡路大震災の人的被害については、マグニチュード7.3の大地震による建物の倒壊と神戸市長田区を中心と

した大規模な火災による被害によって6,434名（平成18年5月19日現在）の命が奪われた。東日本大震災では、マグニチュード9.0の大地震による大津波によって沿岸部に甚大な被害が発生し、19,418名（平成28年3月1日現在）が犠牲となった。熊本地震ではマグニチュード6.5の地震の後、マグニチュード7.3の地震が発生し、その人的被害は228名（平成29年4月13日現在）にのぼった。

　このような災害における人的被害は、直接死と関連死の2つにわけることができる。直接死とは、建物の倒壊や津波の被害など災害による直接的な影響で亡くなる状態を指す。また関連死は、災害による直接的な影響で亡くなるのではなく、避難生活における心身の負担等による間接的な影響で亡くなる現象を指す。つまり関連死は、災害による直接的な影響から助かった命が失われてしまう状態を表わしている。

　上記の災害における関連死の数についてみると、阪神・淡路大震災において919人（2005（平成17）年3月31日現在）（兵庫県、2005）、東日本大震災で3,647人（2017（平成29）年9月30日現在）（復興庁、2017）、熊本地震で200人（2017（平成29）年11月28日現在）（大分合同新聞、2017）となっており、その犠牲者は約5,000名にのぼる。そしてこの数値は、阪神・淡路大震災における被害に匹敵するものである。また熊本地震においては、直接死が50名であるのに対して、関連死は200人であり、関連死が直接死の4倍にのぼる（大分合同新聞、2017）。さらに東日本大震災における関連死については、70歳以上の犠牲者が約9割を占めることが報告されており（災害関連死に関する検討会、2012）、関連死についても被害の不平等性を確認することができる。よって災害における人的被害は、直接死だけでなく、関連死についても目を向けなければならない。

第3節　直接死を防ぐための取り組み

　直接死を防ぐためには、適切な避難行動をとることが求められる。避難に関する課題については、すべての被災者に共通するものであるが、すでにみたように、災害による被害は不平等性を包含しており、高齢者や障害者により大きな被害をもたらすことになる。つまり、災害における避難について考えるならば、高齢者や障害者といった人々の避難に関する問題は、より大きな課題となる。

　高齢者や障害者といった避難支援を要する人々への支援について、過去の災害をふりかえってみると、2011（平成23）年の東日本大震災では、避難支援を必要とする人々の名簿を作成していなかったため、彼らがどこにいるのかわからず支援の手が届かなかったという事例や、名簿が作成されていたケースでも、平常時から避難支援を行う者に名簿が渡されていなかったため、安否確認や避難支援が遅れたとする事例などが報告されている（内閣府、2013a）。

　現在では、東日本大震災の反省を踏まえ、2013（平成25）年に災害対策基本法が改正され、避難を行ううえで支援を要する人を避難行動要支援者として位置づけ、彼らの避難支援や安否確認等を実施するため、氏名や住所などの基本的な情報を記載した避難行動要支援者名簿の策定を市町村に義務づける規定が定められている（災害対策基本法　第49条の10）[注2]。

　さらに、名簿情報の取り扱いについては、避難行動要支援者の同意を得たうえで、自主防災組織、民生委員、警察、消防などの避難支援等関係者に対し、発災前の平常時から名簿情報の提供を行うことができるようになった（災害対策基本法　第49条の11　第2項）。また災害が発生した場合やその恐れがある場合においては、避難行動要支援者の同意がなくとも避難支援等関係者に名簿情報を提供することが可能であるとする規定も定められている（災害対策基本法　第49条の11　第3項）。

　さらに内閣府の指針では、避難行動要支援者における避難支援をより実

効性のあるものとするため、災害対策基本法に定められるこれらの規定に加え、一人ひとりの具体的な避難支援の方法や避難経路などを書き込んだ個別計画を策定することを市町村に求めている（内閣府、2013b）。

　このように、今日の避難行動要支援者における避難支援は、避難行動要支援者名簿を策定したうえで、この情報を発災前の平常時から共有を行っていくことや、より具体的な支援方法を記載した個別計画を作成することで対応が行われている。しかし個別計画については、総務省の調査において避難行動要支援者に該当する者すべての個別計画の策定が完了した市町村は全体の約1割であることが報告されており、現時点において十分な取り組みが進んでいないことがわかる（総務省、2018）。

第4節　関連死を防ぐための取り組み

　東日本大震災において発生した関連死について、復興庁の関連死に関する検討会が原因分析を行っている。それによると、避難所等における生活の肉体・精神的疲労を原因とするケースが約3割、病院の機能停止による初期治療の遅れ等を原因とするケースが約2割、地震・津波のストレスによる肉体・精神的負担を原因とするケースが約2割であったことが報告されている（災害関連死に関する検討会、2012）。そしてこの結果より、関連死の要因として、発災後に被災者が避難生活を送ることになる避難所における環境が影響していることがわかる。

　避難所における環境については、避難所・避難生活学会が諸外国と比べ、劣悪であることを指摘しており、こうした環境が関連死を招きかねないとし、これを防ぐために避難所運営を行うにあたって、清潔でだれも使える水洗トイレを確保することや、適温食を提供すること、簡易ベッド等を確保するといった「TKB」の運用を標準とすべきとしている（避難所・避難生活学会、2019）。

　ここで示される「TKB」は、トイレ（Toilet）、キッチン（Kitchen）、ベッ

ド（Bed）を指している。トイレについては、一般的に避難所におけるトイレは和式トイレが多く、高齢者や障害者にとって使いにくい状況となる。また避難所では多くの不特定多数の人が利用するため不衛生な状態になることがある。そうした場合において、被災者のなかにはトイレに行く回数を減らそうとし、水分や食事をとることを控え、結果として健康状態に影響が出てしまうケースが多くみられることを示している。またキッチンについては、避難所の食事がパンやおにぎりといった炭水化物が中心に提供されることが多く、栄養バランスを欠くことによって、体調を崩すなどのケースがみられることを示している。ベッドについては、避難所では床への雑魚寝で睡眠をとらなければならないケースが多く、被災者が安眠できないことを示している。

　こうしたTKBにかかわる問題は、避難所に避難するすべての被災者に共通する課題であるが、避難所では様々な被災者が避難生活を送ることになり、その中には支援を必要とする高齢者や障害者といった福祉ニーズをもつ者も含まれることになる。そうした避難所における福祉ニーズへの対応策として、2018（平成30）年に厚生労働省よりガイドラインが示され、災害時における福祉支援体制（災害福祉支援ネットワーク）の整備が進められている（厚生労働省、2018）。これは、避難所等における被災地での福祉支援の機能を確保するための人員派遣を行う体制であり、各都道府県に設置される。そしてこの体制により、社会福祉士や介護福祉士等の専門職からなる災害派遣福祉チームが編成され、避難所等において、災害時要援護者へのアセスメントや各種支援、避難所内の環境整備などが行われることになる。

　しかしこの取り組みは、まだ始まったばかりであり、災害派遣福祉チームにおけるチーム員確保の問題や災害派遣医療チーム（DMAT：Disaster Medical Assistance Team）や日本医師会災害医療チーム（JMAT：Japan Medical Association Team）といった保健医療活動チームとの連携体制の構築など、様々な課題があるといえよう。

第5節　災害リスクと社会福祉

　東日本大震災における障害者の死亡率について、全住民の死亡率と比べ、障害者の死亡率が約2倍にのぼることはすでにみてきた通りである。しかしここで注意を払わなければならないことは、東日本大震災によって甚大な被害を受けた岩手県、宮城県、福島県の3県をあわせて全体的にみた場合の差は約2倍であるが、それぞれの状況をみた場合、岩手県が1.5倍、宮城県が2.7倍、福島県が0.8倍と差が生じていることである（河北新聞、2012）。

　このように宮城県が突出して障害者の被害が大きくなった一つの要因として、立木（2013）は宮城県の福祉施設入所者の割合が低く、ノーマライゼーションの施策を推進していたことを指摘している。宮城県は、2004（平成16）年に「みやぎ知的障害者施設解体宣言」を発表し、障害者の地域生活移行を進めてきたことで有名である。何らかの支援が必要な状態にあったとしても、地域社会の中で、その人らしく暮らすことのできる社会を実現することは、社会福祉が目指す理念の一つである。立木による指摘は、こうした社会福祉の理念を実現するうえで、災害に対する地域社会が抱える脆弱性についても目を向けなければならないことを教えてくれる。つまり、年齢や障害の有無等にかかわりなく誰もが安心して暮らせる社会を実現するためには、福祉に限定した取り組みだけでなく、災害リスクを低減させるための取り組みを一体的に行う必要があり、福祉関係者が防災や災害支援について学ぶことが今後よりいっそう求められてくるようになるであろう。

注

1　災対法施行令第1条

2　避難行動要支援者の範囲については、①警報や避難勧告・指示等の災害関連情

報の取得能力、②避難その者の必要性や避難方法等についての判断能力、③避難行動を取る上で必要な身体能力などを考慮し、各市町村で定めることになっている。避難行動要支援者の避難行動支援に関する取組指針では、避難行動要支援者の例として、以下を示している。

生活の基盤が自宅にある方のうち、以下の要件に該当する方
①要介護認定３〜５を受けている者
②身体障害者手帳１・２級（総合等級）の第１種を所持する身体障害者（心臓、じん臓機能障害のみで該当するものは除く）
③療育手帳Ａを所持する知的障害者
④精神障害者保健福祉手帳１・２級を所持する者で単身世帯の者
⑤市の生活支援を受けている難病患者
⑥上記以外で自治会が支援の必要を認めた者
（内閣府「避難行動要支援者の避難行動支援に関する取組指針」2013年）

引用・参考文献

１）大分合同新聞（2017）「熊本・大分地震　関連死200人に　直接死の４倍」11月29日　朝刊
２）河北新聞(2012)「３県障害者1,655人犠牲　手帳所持者死亡率1.5%全住民の２倍」９月24日朝刊
３）厚生労働省（2018）「災害時の福祉支援体制の整備について」
４）震災関連死に関する検討会（2012）「東日本大震災における震災関連死に関する報告」
５）総務省(2018)「避難行動要支援者名簿の作成等に係る取り組み状況の調査結果等」
６）立木茂雄(2013)「災害ソーシャルワークとは何か」『災害ソーシャルワーク入門』中央法規出版　pp２−13
７）内閣府（2013a）「災害時要援護者の避難支援に関する検討会　報告書」
８）内閣府（2013b）「避難行動要支援者の避難行動支援に関する取組指針」
９）避難所・避難生活学会（2019）「避難所・避難所生活学会からの緊急提言」
10）兵庫県（2005）「阪神・淡路大震災の死者にかかる調査について」

11) 復興庁（2017）「東日本大震災における震災関連死の死者数」

12) Wisne, B., Blaikie, P., Cannon, T & Davis, I.（2003）At Risk: Natural Hazards, People's Vulnerability and Disasters, 2nd Ed., Londo: Routaledge（渡辺正幸・石渡幹夫・諏訪義雄訳（2010）『防災原論』築地書館）

終　章　社会福祉の展望

第1節　社会福祉基礎構造改革までの社会福祉

　本章は、社会福祉の展望をとらえることを目的としている。社会福祉における今後を見通すにあたって、まず必要なことはこれまでの社会福祉がたどってきた軌跡を踏まえ、これをもとに、将来を見定める必要がある。そこで、本稿ではまず社会福祉の変遷について整理していくこととする。戦後の日本における社会福祉の展開過程については、古川（1993）が第1期～第4期に分けてとらえている。しかしながら、この区分は1990年代初頭に主張されたものであることから、それ以降の社会福祉の動向が踏まえられていない。よって本稿では、この古川の区分を踏まえつつ、今日までの社会福祉の変遷をとらえていきたい。

　まずこの区分における第1期は1945（昭和20）年から1959（昭和34）年の期間を指し、定礎期とされている。この時期は、連合国総司令部（GHQ）から戦後における日本の社会福祉の原則となる「無差別平等の原則」「国家責任の原則（公私分離の原則）」「必要充足の原則」が示され、この原則をもとに1946（昭和21）年に旧生活保護法、1947（昭和22）年に児童福祉法、1949（昭和24）年に身体障害者福祉法が制定されることで福祉3法体制が成立し、戦後における社会福祉の基盤整備がすすめられた。

　第2期は1960（昭和35）年から1973（昭和48）年の期間を指し、発展期とされている。この時期は、1961（昭和36）年に国民皆保険・皆年金体制が確立し、1960（昭和35）年に精神薄弱者福祉法（現、知的障害者福祉法）、1963（昭和38）年に老人福祉法、1964（昭和39）年に母子福祉法（現、母子及び父子並びに寡婦福祉法）が成立することで福祉6法体制が成立しており、高度経済成長を背景に社会福祉における対象者が広がりをみせた。

第3期は1974（昭和49）年から1989（平成元）年の期間であり、転換期とされている。この時期は1973（昭和48）年のオイルショックによって日本は高度経済成長が終焉を迎え、1970年代後半ごろから「福祉見直し」の論調が高まりをみせ、公的部門における社会福祉の拡充を図るのではなく、個人の自助努力と家族や地域社会の連帯を基礎とした日本型社会福祉を目指すことが主張された。さらにこの頃、当時の社会福祉が施設サービスを中心として整備が進められており、施設ケアに傾倒することへの批判から、コミュニティケアや在宅福祉といった概念が用いられるようになり、在宅福祉サービスの整備が進められるようになった。

　そして第4期は1990年代から2005年までを指し、地域福祉の時代とされている[注1]。この時期においては、1990（平成2）年に「老人福祉法等の一部を改正する法律（福祉関係8法改正）」が施行され、在宅福祉サービスを積極的に推進することが目指され、在宅福祉サービスを含む各種保健・医療・福祉サービスを計画的に整備していくことを目的として、市町村及び都道府県に対して老人保健福祉計画の策定が義務づけられた。また90年代後半になると、1946（昭和21）年以降、これまで形成されてきた社会福祉の基本構造を抜本的に見直すことを目的として、社会福祉基礎構造改革についての議論がすすめられていく。この社会福祉基礎構造改革は、2000（平成12）年の「社会福祉の増進のための社会福祉事業法等の一部を改正する法律」の制定によって実現することになる。そしてこの改革によって、福祉サービスの利用方式が措置制度から利用契約制度へと変わり、社会福祉事業への多様なサービス提供主体の参入が認められるようになった。さらに社会福祉法の成立により、市町村及び都道府県に地域福祉計画（地域福祉支援計画）の策定が求められるなどの見直しも行われた。これに加え、2000（平成12）年に施行された介護保険法では、介護支援専門員の資格が創設され、ケアマネジメントが制度化されることになった。90年代以降、在宅福祉サービスの整備がすすめられてきたが、人々の地域生活を支えるうえで、点在するサービスを個々のニーズに合わせて、調整をすることが必要となるが、ケアマネジメントの制度化により、この仕組みが実現する

こととなった。

第2節　社会福祉基礎構造改革以降の社会福祉

　これまでみてきたように、戦後における生活困窮者や戦災孤児、傷痍軍人に対する救済や保護から始まった社会福祉は、1960年代に福祉6法体制を実現し、その対象者を拡大してきた。さらに90年代においては、福祉関係8法改正により、既存の制度の見直しをすすめることで、在宅福祉サービスを含める各種サービスの量的拡充を図った。そして2000年以降は社会福祉法や介護保険法などのあらたな制度を整備することで、福祉サービスの利用方式として契約制度を導入し、ケアマネジメントを制度化するなど、新たな仕組みを取り入れ、質的な転換を図ろうとしてきた。つまり社会福祉基礎構造改革までの社会福祉は、制度を充実させることで、主としてフォーマルケアとしての福祉サービスの整備をすすめ、この整備してきた福祉サービスをより有効に機能させるための仕組みを模索した時代であった。

　上述した社会福祉の展開過程における古川の区分は、第4期までであったが、これをさらに、それ以降のものを当てはめると、第5期は2006（平成18）年から2016（平成28）年までを指し、地域包括ケアシステム創設期として位置づけることができる。地域包括ケアシステムを実現するための具体的な動きは、2003（平成15）年に高齢者介護研究会から「2015年の高齢者介護～高齢者の尊厳を支えるケアの確立に向けて～」と題する報告書が発表されたことに始まる。そしてこの報告書に基づき、2005（平成17）年に介護保険法が改正され、2006（平成18）年に地域包括ケアを実現するための中核的な機関として地域包括支援センターが創設された。その後、地域包括ケアに関する議論は地域包括ケア研究会において行われ、この議論を踏まえ、2014（平成26）年に「地域における医療及び介護の総合的な確保の促進に関する法律（医療介護総合確保推進法）」が成立し、第2条

において地域包括ケアシステムとは、「地域の実情に応じて、高齢者が、可能な限り、住み慣れた地域でその有する能力に応じ自立した日常生活を営むことができるよう、医療、介護、介護予防、住まい及び自立した日常生活の支援が包括的に確保される体制をいう」と定義された。

　この定義からもわかるように、地域包括ケアシステムとは、高齢者が要介護状態など支援を要する状態となったとしても、住み慣れた地域でその人らしい日常生活を継続することができることを目指している。そして支援を要する人々が地域生活を送るうえで必要なことは、「医療」や「介護」に関するサービスだけでなく、要介護状態となることを防ぐための「予防」に関する支援や、「住まい」に関する支援、見守りや買い物のサポートなど地域生活を送るうえでの様々な「日常生活」に関する支援も必要となる。このため、地域包括ケアシステムは、「医療」「介護」「介護予防」「住まい」「日常生活」に関する支援を包括的に提供する体制となっている。

　またこの地域包括ケアシステムは、「自助」「互助」「共助」「公助」の役割分担によって実現する体制であり、それぞれに関わる全ての関係者が能力を発揮することが必要であるとされている（地域包括ケア研究会、2009）。ここで示す「自助」とは、自己の身の回りのことを自分で行うことや、自己による健康管理などを指し、「互助」は近隣住民同士による助け合いやボランティアによるサポートなどを指す。また「共助」は介護保険や医療保険といった社会保険の枠組みの中での支援を指し、「公助」は生活保護法や老人福祉法による措置といった公的な支援を指す。このように地域包括ケアシステムの実現は、「自助」を基本としたうえで、「公助」や「共助」といったフォーマルケアだけでなく、「互助」によるインフォーマルケアが包括的かつ有機的に機能することが求められている。

　さらに上述した地域包括ケアを実現するための中核的機関として創設された地域包括支援センターは、地域生活を送るうえで生じる様々なニーズをワンストップで受け止める「ワンストップサービス窓口機能」と、フォーマルケアとインフォーマルケアを含む様々な社会資源を結びつけていく「地域のネットワーク構築機能」を担うことが求められており（長寿社会

開発センター、2011）、地域包括ケアシステムを実現するうえで、こうした役割が十分に機能することが期待されている。

　第4期までの社会福祉は、新たな制度を創設し、改正を重ねることで、制度に基づくフォーマルケアを中心として整備し、これを充実させてきた。この制度化されたフォーマルケアによるサービスは、対象を限定し、特定のニーズに焦点を当てるものであることから、これまでの社会福祉は特定のニーズに着目し、その充実を図るものであったといえる。一方で、第5期にあたる社会福祉は、支援を必要とする高齢者における地域生活を支えるために、彼らのニーズをより多面的にとらえており、その充足を図るためにフォーマルケアだけでなく、インフォーマルケアにも焦点をおいている点が特徴である。

　そして第5期において実現を目指した地域包括ケアシステムは、高齢者を対象とする支援システムであったが、2016（平成28）年に発表された「ニッポン一億総活躍プラン」（首相官邸、2016）において「子供・高齢者・障害者などすべての人々が地域、暮らし、生きがいを共に創り、高め合うことができる『地域共生社会』を実現する」と示されるように、その後、地域包括ケアの考え方を高齢者のみならず、生活上の困難を抱える障害者や子どもなどにも広げる地域共生社会の実現が目指されるようになっていく。そこで本稿では、2017（平成29）年以降を地域共生社会創設期として第6期と位置づける。

　第6期における社会福祉の動向は、まだまだ緒についたばかりであり、具体的な動きはこれからであることから、詳細な傾向をここで示すことはできない。しかしこれまでの社会福祉は、高齢者福祉、児童福祉、障害者福祉といったそれぞれの専門分化した法制度ごとによって対応が行われる仕組みであったのに対して、分野ごとの縦割りを超えて、包括的な支援体制の実現を目指している点が第6期の特徴である。これは近年、介護と育児について同時に直面するダブルケアの問題や、80代の親と50代の独身の子が同居する世帯において生活困難な状況に陥る8050問題など、既存の枠組みでは対応できない複合的な課題が表面化してきており、その対応が求

められるようになってきたことを背景としている。

　また地域共生社会は、従来のように「支え手」と「受け手」に分かれるのではなく、相互に支えあうことのできる地域社会を形成することを目指しており、支援を必要とする人々であっても、彼らが社会参加し、彼らのもてる力を発揮することのできる社会の実現を目標としている点もこの区分の特徴である。

第3節　これからの社会福祉

　我が国における第4期までの社会福祉は、主としてフォーマルケアとしての福祉サービスの整備がすすめられ、とりわけ、在宅福祉サービスの充実が図られてきた。こうしたフォーマルケアとしての在宅福祉サービスの充実は、支援を必要とする人々の地域生活を支える上で欠くことができないものである。しかし支援を必要とする人々の生活の中で、フォーマルケアによる専門的な支援が占める割合が増えるほど、彼らの人間関係は支援を提供する専門職との関係だけに限定されてしまうことにもなりかねない。そしてこのような限定された人間関係の中での地域生活は、その人らしい日常生活を送ることのできるものではなく、単に地域という場所で暮らすだけの生活となってしまう。第5期において地域包括ケアシステムの形成が進められる中で、近隣住民同士による助け合いやボランティアによる支援といったインフォーマルケアである「互助」に対する期待が高まることとなるが、支援を必要とする人々の人間関係において、地域住民やボランティアとの関係が含まれるようになったとしても、その関係性が支援を「受ける者」と「与える者」の関係にとどまる限り、その人らしい日常生活を送ることのできる地域生活を実現することはできない。

　上述した通り、第6期においては、「支え手」と「受け手」に分かれるのではなく、相互に支えあうことのできる地域社会を形成することが求められている。つまり、今日において社会福祉の対象者は、従来のように支

援を受けるだけの存在としてとらえるのではなく、彼らも社会的な役割を担う存在として理解されるべきであり、彼らが社会参加を図るうえで、必要とする支援が適切に提供され、彼らのもてる力を発揮することができる機会が保障される必要がある。そのうえで、社会福祉による支援に携わる者は、支援を必要とする人々の強みを見出すストレングスの視点をもつことや、それを高めていくエンパワメントに基づく支援を展開していくことが求められる。また彼らの社会参加を支える上で、人々に内在する心理的な障壁を含む社会的障壁の解消を図ることも必要となる。

　高齢化の進展、人口減少、家族形態や雇用環境の変化など、社会環境の変化の中で、今後ますます複雑化した人々の生活ニーズが表面化することとなる。このような状況の中で、地域包括ケアや地域共生社会といった支援システムは、我が国が今後直面する課題への対応を図るうえでの処方箋となるであろう。そして地域包括ケアシステムや地域共生社会は、「自助」「互助」「共助」「公助」の役割分担によって実現する体制であるが、これまでの社会福祉の動向について振り返ると、家族や地域住民によるインフォーマルケアに過度な期待が寄せられた時代もあった。こうした過去を自照し、その一部に過度な負担をかけるのではなく、それぞれにおける適切な役割が発揮されるよう注視していくことが社会福祉に携わる関係者に求められている。

　また地域包括ケアや地域共生社会は、地域の特性に応じて形成されるものであり、それぞれの地域において特有の形態をもつことになる。地域とは、人口特性や地理的形態、またそこで暮らす人々の生活文化が異なるものであることから、地域包括ケアや地域共生社会を形成していくにあたって、地域間において差異が生じることは当然である。しかし地域包括ケアや地域共生社会は人々の生活を支える支援システムである限り、ナショナルミニマムは保障されなければならない。それぞれの地域における差異は、ナショナルミニマムを保障したうえで、成り立つものであることを我々は忘れてはならない。

注

1　古川における社会福祉の展開過程に関する区分は、1990年代初頭に主張された
　　ものであり、第4期については1990年代前半以降の動向については反映されて
　　いない。本稿では、古川における区分の第4期の名称が「地域福祉」であり、
　　その内容は1990年代後半から2000年代初頭にすすめられた社会福祉基礎構造改
　　革の内容とも合致すると判断し、第4期を1990年代から2005年までとした。

引用・参考文献

1）首相官邸（2016）「ニッポン一億総活躍プラン」
　　https://www.kantei.go.jp/jp/singi/ichiokusoukatsuyaku（2019.9.5）
2）地域包括ケア研究会（2009）「地域包括ケア研究会報告書　今後の検討のための
　　論点整理」
3）長寿社会開発センター（2011）「地域包括支援センター業務マニュアル」
4）古川孝順（1993）「戦後日本の社会福祉と福祉改革」『社会福祉論』有斐閣、
　　pp97-135

人名索引

事項索引

244

監修者紹介

杉本　敏夫（すぎもと　としお）

1949年生まれ
同志社大学大学院修士課程修了
社会福祉の現場、PL学園女子短期大学、岡山県立大学、関西福祉科学大学で
教壇に立ち、現在、関西福祉科学大学名誉教授

〔主要著訳書〕

『高齢者の施設ケアを考える』（訳、西日本法規出版、1996年）
『新しいソーシャルワーク』（共編著、中央法規出版、1998年）
『ソーシャルワークとエンパワメント』（共監訳、ふくろう出版、2007年）
『ソーシャルワーク理論入門』（共監訳、みらい、2011年）

編著者紹介

安場　敬祐（やすば　けいすけ）

1957年生まれ
花園大学大学院社会福祉学研究科修了
社会福祉の現場、藍野学院短期大学、大阪体育大学短期大学部を経て
現在、大阪体育大学教授

〔主要著訳書〕

『高齢者・障害者の『食』の援助プログラム－食べる、食べさせる、食べさせ
　られる－』（共著、医歯薬出版、1995年）
『心に残るケースワーク－社会福祉援助技術究のための事例集－』
　　　　　　　　　　　　　　　　　　　　（共著、京都法政出版、1996年）
『現代高齢者福祉入門』（共著、中央法規出版、1998年）
『新・社会福祉学講義』（共著、西日本法規出版、1999年）

家髙　将明（いえたか　まさあき）

1976年生まれ
関西福祉科学大学大学院社会福祉学研究科　博士後期課程修了
博士（臨床福祉学）
和歌山社会福祉専門学校、関西医療技術専門学校を経て
現在、関西福祉科学大学社会福祉学部准教授

〔主要著訳書〕

『高齢者福祉論』（編著、ミネルヴァ書房、2015年）
『ソーシャルキャピタルを活かした社会的孤立への支援』
　　　　　　　　　　　　　　　　　　（共著、ミネルヴァ書房、2017年）
『災害ソーシャルワークの可能性』（編著、中央法規出版、2017年）
『改訂版　現代ソーシャルワーク論』（編著、晃洋書房、2020年）
ほか

執筆者および執筆分担　　　　　　　　　　　　　　　**（執筆順）**

杉本　敏夫（関西福祉科学大学名誉教授）——　監修、第1・8章

家髙　将明（関西福祉科学大学）——　編集、第2・14・終章

種村　理太郎（関西福祉科学大学）——　第3章

坂本　毅啓（北九州市立大学）——　第4章

河野　清志（大阪大谷大学）——　第5章

新井　康友（佛教大学）——　第6章

尾﨑　剛志（皇學館大学）——　第7章

安場　敬祐（大阪体育大学）——　編集、第8・11章

奥山　峰幸（大阪国際大学短期大学部）——　第9章

勅使河原　航（北九州市立大学）——　第10章

西川　友理（京都西山短期大学）——　第12章

荷出　翠（平安女学院大学短期大学部）——　第13章

基礎と課題から学ぶ **新時代の社会福祉**

2020年4月5日 初版発行

監修者	杉本敏夫
編著者	安塲敬祐・家髙将明

発 行 **ふくろう出版**
〒700-0035 岡山市北区高柳西町1-23
友野印刷ビル
TEL:086-255-2181
FAX:086-255-6324
http://www.296.jp
e-mail:info@296.jp
振替 01310-8-95147

印刷・製本 友野印刷株式会社
ISBN978-4-86186-785-9 C3036 ©2020

定価はカバーに表示してあります。乱丁・落丁はお取り替えいたします